ŒUVRES COMPLÈTES
DE
Alfred de Vigny

THÉATRE

SHYLOCK — LE MORE DE VENISE

PARIS
ALPHONSE LEMERRE, ÉDITEUR
27-31 PASSAGE CHOISEUL 27-31

M DCCC LXXXV

ŒUVRES COMPLÈTES

DE

Alfred de Vigny

OEUVRES COMPLETES

DE

Alfred de Vigny

THÉATRE

*

SHYLOCK — LE MORE DE VENISE

PARIS

ALPHONSE LEMERRE, ÉDITEUR

27-31 PASSAGE CHOISEUL 27-31

—

M DCCC LXXXV

SHYLOCK

LE MARCHAND DE VENISE

COMÉDIE EN TROIS ACTES

Cette comédie, écrite en 1828, n'a pas été représentée.

PERSONNAGES

LE DOGE DE VENISE.
PORTIA, riche héritière.
ANTONIO, marchand de Venise.
BASSANIO, son ami, amant de Portia.
GRATIANO, amant de Nerissa.
LORENZO, amant de Jessica.
SHYLOCK, juif.
TUBAL, autre juif, ami de Shylock.
NERISSA, suivante de Portia.
JESSICA, fille de Shylock.
Sénateurs.
Officiers.
Un Geôlier.
Valets.

SHYLOCK
— LE MARCHAND DE VENISE —

ACTE PREMIER

VENISE

La scène représente le Rialto. A gauche, la maison du juif Shylock.

SCÈNE PREMIÈRE

ANTONIO, LORENZO, BASSANIO. *Antonio est assis sur un banc. Lorenzo et Bassanio sont debout à sa droite et à sa gauche, sur le devant de la scène, à droite.*

ANTONIO.

Je suis triste aujourd'hui, sans en savoir la cause.
Ne me demandez pas, messieurs, ce qui compose
Ce chagrin puéril; il n'est que trop certain
Qu'il me poursuit toujours, et surtout ce matin.

BASSANIO.

C'est que sur l'Océan votre esprit se promène
Avec tous vos vaisseaux, les suit et les ramène,
Et les voit dominant de leurs fiers pavillons
Les navires marchands qui, suivant leurs sillons,
Viennent vous saluer en abaissant leurs voiles.

LORENZO.

Si j'avais entre l'eau des mers et les étoiles
Tant d'argent et tant d'or, je n'en dormirais pas ;
Je marcherais courbé, cherchant à chaque pas
De quel côté le vent fait incliner les herbes,
Pour y voir le destin de mes vaisseaux superbes.
Je ne pourrais souffler sur un plat trop brûlant
Sans penser que le vent me ruine en soufflant,
Ni voir le haut clocher et le mur d'une église
Sans songer aux écueils où mon grand mât se brise.
Voilà, j'en suis bien sûr, ce qui vous rend pensif?

ANTONIO.

Non, j'en rends grâce à Dieu, ce n'est pas ce motif.
— Je n'ai pas joué tout sur une seule chance ;
Ainsi, pour chaque jour, j'ai plus d'une espérance.

BASSANIO.

Seriez-vous amoureux?

ANTONIO.

Fi donc !

LORENZO.

Vous dédaignez
Ces faiblesses d'enfant?

BASSANIO.

Ami, vous nous plaignez.

Et vous avez raison. Vous êtes bien plus sage
Que nous deux.

SCÈNE II

Les Mêmes, GRATIANO.

GRATIANO, *entrant*.

Que nous trois ! — Fais donc meilleur visage,
Mon cousin ! Ta santé souffre visiblement.
La richesse est pour toi fatigue et noir tourment ;
Je te trouve changé.

ANTONIO.

Le monde est une scène
Où chacun joue un rôle ; et c'est chose bien vaine,
Gratiano, que vouloir sortir de son emploi.
Le mien est d'être triste.

GRATIANO.

Eh bien, mon rôle à moi,
Sera celui du fou. — La vieillesse et ses rides
Me surprendront un jour entre vingt flacons vides.
Pourquoi donc l'homme jeune et d'amour enflammé
Serait-il aussi froid qu'un aïeul embaumé ?
Et pourquoi, si le sort nous fait une injustice,
A force de chagrin en avoir la jaunisse ?
— Tiens, mon ami, je veux te donner un avis.
Il est certaines gens qui, d'eux-mêmes ravis,
Se promènent, masqués d'une gravité feinte ;
La profondeur d'esprit sur leur visage est peinte ;
Leur regard dit : *Je vais vous parler, mais avant
Faites cesser le bruit des mouches et du vent !*

Et, parce qu'à les fuir personne ne balance,
Le vulgaire les croit penseurs à leur silence !
— Cette mélancolie est un appât trompeur
Qui fait d'un honnête homme un sot à faire peur ;
Et cet air renfrogné, dont l'aspect seul m'irrite,
Marche bien rarement avec le vrai mérite.
Ne va pas t'en servir !

ANTONIO.

Me voudrais-tu bavard ?

GRATIANO.

A ce soir mon sermon ! A présent il est tard.

Bas à Lorenzo.

On m'attend à Belmont. — Eh bien, ta belle juive,
Lorenzo ?

LORENZO.

Le moment du rendez-vous arrive,

Montrant la fenêtre du juif.

Et voilà sa fenêtre.

GRATIANO.

Ah ! conte-moi ceci.

Ils sortent.

SCÈNE III
ANTONIO, BASSANIO.

ANTONIO, *souriant.*

Jeune diseur de riens !

BASSANIO.

Je n'en sais pas ici
De plus fort. — Il raconte et dit plus en deux heures
Qu'il ne fait en deux ans.

ANTONIO, *gravement*.

Fort bien !

BASSANIO.

Sait les demeures
Des femmes.

ANTONIO.

C'est fort bien ! Mais sachons, mon ami,
Cette histoire qu'hier vous fîtes à demi
Sur cette jeune femme et ce pèlerinage.

BASSANIO, *s'asseyant à côté d'Antonio*.

La voici. — Vous savez qu'à mon dernier voyage,
Pour faire bonne mine et briller un moment,
Je mis mon patrimoine en grand délabrement.
— Je ne m'afflige pas d'avoir peu de fortune,
Mais des dettes que j'ai la liste m'importune ;
Vous êtes, Antonio, mon plus fort créancier,
Et pourtant je ne sais à qui me confier
Si ce n'est à vous-même.

ANTONIO.

Eh ! faites-moi connaître,
Bassanio, votre dette et ce qu'elle peut être.
Si, comme j'en suis sûr, rien n'est contre l'honneur,
A tout engagement je souscris de grand cœur
Pour ma bourse, mes biens, ma vie et mon épée.

BASSANIO.

Je ne veux pas jouir d'une estime usurpée.
— Tenez! lorsque j'étais encore un écolier
Et lorsqu'au jeu de l'arc, venant à m'oublier,
J'avais perdu ma flèche en quelque bois sauvage,
J'en décochais une autre; et, visant davantage,
Je la suivais dans l'air par le même chemin,
Et je les retrouvais toutes deux sous ma main.
A vous parler tout franc, c'est ici même affaire.
— Tout ce que je vous dois est perdu. Pour bien faire,
Il vous faudrait risquer, quoi qu'il vous ait coûté,
Une flèche nouvelle et du même côté.

ANTONIO, *lui prenant l'oreille affectueusement.*

Ne vous donnez donc pas avec moi tant de peine.
Pour nous, la périphrase est ennuyeuse et vaine.
Vous me faites du tort, mon cher, en hésitant,
Plus que par les périls d'un emprunt important;
Dites ce qu'il vous faut, et j'y consens sur l'heure.

BASSANIO.

Près d'ici, sur la rive, en un palais demeure
Une riche héritière. — Elle est belle, et ses yeux
Ont pour moi des discours muets et gracieux.
— Son doux nom est Portia. — Sur elle, ce nom brille
Non moins que le beau nom de cette illustre fille
Que Caton accorda pour épouse à Brutus
Et de qui l'univers admira les vertus.
Pour la voir, si parfaite en tout et si jolie,
Tous les princes d'Europe abordent l'Italie;
D'Afrique même, hier, il en est venu deux.
J'ai voulu jusqu'ici concourir avec eux,
Mais je suis épuisé par cette forte lutte;

Ce soir, mes créanciers consommeront ma chute,
Et mon roman pourra s'achever en prison.
— Qu'on me soutienne un jour, et j'ai quelque raison
D'espoir. — Pour le succès tout me semble présage.

ANTONIO.

Ma fortune est en mer ; cependant je m'engage
A vous donner, en or, tout ce que vous voudrez ;
Mon crédit vous suffit, et vous l'épuiserez.
Allez, informez-vous, empruntez cette somme,
Et je signerai tout quand vous aurez votre homme.

BASSANIO.

Merci.

ANTONIO.

Point de ce mot ; je reviens sur le pont
Dans peu de temps. Adieu.

BASSANIO, *seul*.

Ma foi ! puisqu'il répond
De ma dette nouvelle, il faut que je m'assure
De Shylock, le vieux juif passé maître en usure.

Il frappe à la porte ; le juif regarde à sa fenêtre avec méfiance par une grille et lui ouvre ensuite la porte.

SCÈNE IV

SHYLOCK *et* BASSANIO, *sortant de la maison.*

SHYLOCK.

Trois mille ducats ? Bien.

BASSANIO.

Pour trois jours.

SHYLOCK.

Trois jours ? B

BASSANIO.

A mon nom Antonio substituera le sien.

SHYLOCK.

Antonio? Bien.

BASSANIO.

Et puis-je en être sûr?

SHYLOCK.

Trois mille!

A part.
Pour trois jours! Antonio s'engage ; il est facile!

BASSANIO.

Votre mot?

SHYLOCK.

Il est bon ?

BASSANIO.

Vous a-t-on dit jamais
Le contraire?

SHYLOCK.

Oh! non, non, non, vous dis-je! non! ma
En disant qu'il est bon, je veux vous faire entendre
Qu'il suffit, qu'il est sûr. — Cependant, à tout prendre,
Ses moyens ne sont là qu'en supposition.
Je lui vois un vaisseau pour chaque nation,

L'un aux Indes et l'autre au Mexique, un troisième
En Angleterre ; on parle aussi d'un quatrième
A Tripoli ; du moins, au Rialto, l'on prétend
Que son commerce heureux de tous côtés s'étend.
Mais, avec leurs beaux mâts, avec leurs voiles blanches,
Avec leurs pavillons, vos vaisseaux sont des planches ;
Et vos matelots sont des hommes en bateau.
On a des rats sur terre et vous des rats sur l'eau,
Et voleurs sur la mer, comme voleurs sur terre :
Pirates de qui l'eau toujours est tributaire ;
Puis les courants, les vents, les rochers ; mais pourtant
L'homme est suffisant. Donc, je donnerai comptant
Les trois mille ducats. — Je crois que je peux prendre
Son obligation.

BASSANIO.

Oui.

SHYLOCK.

Mais je veux l'entendre,
Le voir lui-même, — et puis réfléchir tout le jour,
Calculer son crédit, les chances de retour,
Tout enfin ! — Le verrai-je ?

BASSANIO.

Il faut le voir à table
Et dîner avec nous !

SHYLOCK.

Oui ! Projet détestable !
Oui ! pour manger du porc ! oui ! l'impur animal
Où le Nazaréen par son pouvoir fatal
A renfermé le diable. — Ah ! je veux bien m'entendre
Avec chacun de vous pour acheter ou vendre ;
Je veux bien avec vous parler, me promener,

Changer l'or ou l'argent, recevoir ou donner ;
— Mais prier avec vous, ou bien manger et boire !
Non. — Que dit-on ici qui soit possible à croire
Sur le Rialto ?

BASSANIO.

Rien. Mais Antonio vient à nous.

SCÈNE V

SHYLOCK, ANTONIO, BASSANIO.

SHYLOCK, *à part*.

Publicain hypocrite et traitre ! voyez-vous
Comme d'un air paisible et sage il se décore !
Je hais comme chrétien cet homme, et plus encore
Parce que sa bassesse et sa simplicité
Font qu'il prête l'argent *gratis !* En vérité,
Il fait baisser le taux de l'usure à Venise.
Si je pouvais ourdir quelque adroite surprise,
J'assouvirais sur lui ma vieille aversion.
Il déteste des Juifs la sainte nation.
Partout où les marchands tiennent leurs assemblées,
Mes affaires par lui chaque jour sont troublées ;
Il blâme mes marchés et mes contrats secrets ;
Mes légitimes gains, il les nomme intérêts ;
Maudite ma tribu si Shylock lui pardonne !

BASSANIO.

Shylock !
Il ne répond pas.
Entendez-vous ?

SHYLOCK.

Ah ! c'est que je raisonne,

Et je voudrais compter en moi-même, à peu près,
Combien de ducats d'or je puis vous tenir prêts.
Si je ne complétais, à moi seul, cette somme,
Je puiserais pour vous au coffre d'un autre homme :
Tubal, un riche Hébreu de ma tribu.

A Antonio, le saluant profondément.
      Seigneur,
Dieu vous maintienne en joie, en fortune, en bonheur !
Nous parlions de vous-même.

ANTONIO.

      Écoutez. — Ma coutume,
Je vous le dis encor, Shylock, sans amertume,
Est de me refuser aux emprunts dangereux
Que suit de vos marchés l'intérêt onéreux ;
Mais pour mon jeune ami, cette fois, j'y renonce.

A Bassanio.
Vous avez demandé la somme? Qu'il prononce !

SHYLOCK.

Oui, *trois mille ducats.*

ANTONIO.

   Pour trois jours?

SHYLOCK.

      Trois jours? oui!
Faites votre billet, seigneur, dès aujourd'hui,
Et nous verrons. Pourtant, si j'ai cru bien entendre,
Vous paraissez haïr l'usure et vous défendre
Du prêt par intérêt?

ANTONIO.

   Je n'y souscris jamais.

SHYLOCK.

Vous avez des raisons que je ne sais pas ; mais,
Quand Jacob autrefois chez Laban faisait paître
Les brebis de son oncle et le choisit pour maître...
Or, ce Jacob était troisième possesseur

Se découvrant en s'inclinant.

Des biens de notre saint Abraham par sa sœur.
Oui, ce fut le troisième...

ANTONIO.

Eh ! qu'en voulez-vous faire ?
Était-il usurier ?

SHYLOCK.

Non. — Voici son affaire.
Laban l'avait voulu : les moutons bigarrés
Qui seraient en naissant doublement colorés
Devaient appartenir à Jacob. — La nature
Ne pouvant varier à son gré leur teinture,
Il les peignit en rouge et gagna, oui, d'honneur !
Toujours un gain honnête est béni du Seigneur.

ANTONIO.

Pensez-vous que la Bible ait écrit cette histoire
Pour vous justifier et pour nous faire croire
Qu'il faut qu'en vos marchés un énorme intérêt
Enchaîne injustement les libertés du prêt ?
Vos ducats ne sont pas des troupeaux qu'on allie.

SHYLOCK.

Aussi vite, du moins, Shylock les multiplie.

ANTONIO, *à Bassanio.*

Voyez comme le diable use des livres saints
Et fait servir leur texte à ses mauvais desseins.

A Shylock.

Eh bien, que voulez-vous enfin pour votre peine?

SHYLOCK.

Moi? — Seigneur Antonio, bien souvent votre haine
Me vint injurier sur mes humbles profits.
La réponse qu'alors aux insultes je fis,
Fut de plier l'épaule avec la patience
Qui toujours est d'un juif la première science.
Maintenant, il paraît qu'il vous faut mon secours.
C'est bien. — Vous m'abordez, vous changez de discours,
Vous dites : *Bon Shylock, je voudrais telle somme!*
Vous qui m'avez toujours mis au-dessous d'un homme,
Vous qui m'avez chassé du seuil et du chemin,
Qui m'avez repoussé du pied et de la main,
Comme un chien étranger venu sur votre porte,
Vous voulez de l'argent? Faut-il que j'en apporte
Et dise : *Bon seigneur, qu'on m'humilie encor;*
Tenez, frappez ma joue, et prenez mon trésor?

ANTONIO.

Oui, je suis prêt encore à te traiter de même.
Prête-moi cet argent; non parce que je t'aime,
Car la sainte amitié ne sert pas à demi
Et ne travaille pas l'or aux mains d'un ami;
Mais parce que je suis l'ennemi de ta race,
Tu pourras, si je manque, avoir meilleure grâce
A poursuivre tes droits et ma punition.

SHYLOCK.

Calmez-vous! Je prétends à votre affection
Et veux vous obliger.

ANTONIO.

Pourquoi? Je t'en dispense;
Point de service.

SHYLOCK, *à part.*

Ah! ah! — C'est là ma récompense?
Haut.
Je voudrais oublier vos injures.

ANTONIO.

Et moi
Je veux me souvenir de mon mépris pour toi.

SHYLOCK, *à part, se mordant les lèvres.*

Ah! ah!
Haut.
Mais, si le juif sans intérêt vous livre
Les ducats, avec vous désormais il peut vivre
En ami?

ANTONIO.

Non, jamais! — Garde bien ton trésor,
Car de chez moi mon pied te chasserait encor.

SHYLOCK.

Pourtant de vous servir je me mets en mesure,
Et je ne prendrai pas un seul denier d'usure.

ACTE I, SCÈNE V.

ANTONIO, *étonné.*

Vraiment ?

SHYLOCK.

Chez un notaire, avec moi, vous viendrez,
Et (pour nous divertir) chez lui vous écrirez
Que, si tel jour, la somme entre nous convenue
Manque, je pourrai prendre, à l'époque venue
(C'est un jeu, car Shylock n'est pas un assassin),
Une livre de chair autour de votre sein.

ANTONIO.

Par ma foi, je souscris à la plaisanterie
Et vous en saurai gré.

BASSANIO.

Mon ami, je vous prie,
Ne signez pas pour moi ce billet dangereux.

ANTONIO.

Bah ! cet engagement n'est pas fort onéreux ;
Car, ce soir, je reçois dix fois plus qu'il ne donne.

SHYLOCK.

Père Abraham ! entends leur propos et pardonne !
Qu'est-ce que ces chrétiens ? Comme avec dureté
Ils cherchent des périls dans notre probité !

A Bassanio.

S'il ne me payait pas, où serait l'avantage
D'avoir choisi sa chair et son sang pour otage ?
Qu'en ferais-je, et pourquoi ce bizarre marché
Si de votre embarras mon cœur n'était touché ?

C'est mal interpréter une offre très louable.
  A Antonio.
Signez donc ce billet s'il vous est agréable,
Ou quittons-nous.

ANTONIO.

Non! non! je signe.

SHYLOCK.

Dans ce cas,
J'irai souper et vais vous chercher vos ducats.

ANTONIO.

Va, très aimable juif!

BASSANIO.

Je crains cette promesse.

ANTONIO, *riant.*

Non, c'est un saint ; bientôt il entendra la messe.
  Ils sortent tous deux.

SCÈNE VI

SHYLOCK, JESSICA.

La nuit tombe.

SHYLOCK, *appelant sa fille dans la maison.*

Hé! Jessica, dors-tu? Descends! tu n'auras pas
Tous les jours, comme ici, deux femmes sur tes pas;

ACTE I, SCÈNE VI.

Tu ne passeras plus à chanter la soirée,
Déchirant, comme hier, une robe dorée,
Chose bien chère! — Allons.

JESSICA.

Eh bien, vous m'appelez?
Que voulez-vous?

SHYLOCK.

Je sors, Jessica! — Prends mes clés.

A part.

On m'invite à souper. — Dois-je rester? Irai-je?
Il me flatte et me hait. — Chacun me tend un piège.
J'irai pour épuiser un prodigue chrétien.

Haut.

Jessica, mon enfant, veille ici sur mon bien
Et ma maison. Je suis triste de cette absence;
Il se trame un complot contre moi; car, j'y pense,
J'ai rêvé cette nuit à des sacs pleins d'argent.
Écoute bien. — Je pars, mais c'est en exigeant
Que tu fasses fermer ce soir toutes mes portes;
Que, sous prétexte aucun, ma fille, tu ne sortes;
Et sitôt qu'en dehors le tambour entendu
Va venir escorté du fifre au col tordu,
Annonçant aux chrétiens leur mascarade impure,
Que notre serviteur par ton ordre s'assure
Que tout est bien fermé dans ma grave maison,
Et que de leur orgie on n'entend pas le son.
Mais ne va pas surtout aux fenêtres te pendre
Pour les voir: je ne puis assez te le défendre.
Bien des juifs, par Jacob! se sont trouvés punis

Pour avoir vu ces fous aux visages vernis.
Rentre et ferme la porte.

JESSICA, à part.

Et ce sera, j'espère,
Pour la rouvrir bientôt.

SHYLOCK.

Bonsoir.

JESSICA.

Adieu, mon père.

Shylock sort par la gauche.

SCÈNE VII

GRATIANO; LORENZO *rentre par la droite;*
JESSICA *rentre un moment, puis demeure dans
la porte entr'ouverte, avec un chapeau d'homme sur sa
tête et un manteau.*

LORENZO.

Mon beau-père le juif est décampé. — Suis-moi.
Je promets, Gratiano, d'en faire autant pour toi,
Si d'un enlèvement il te prend fantaisie,
Et pour celle qu'alors ton cœur aura choisie
Je ferai sentinelle autant que l'on voudra,
Courte échelle, embuscade, et tout ce qu'il faudra.

GRATIANO.

Je ne tarderai guère à te mettre à l'épreuve ;
Pour un Vénitien, ce n'est pas chose neuve
Qu'aventure de femme et propos de muguet,
Et près de la maison je vais faire le guet.

Il s'écarte de quelques pas, tandis que Lorenzo s'approche de la fenêtre.

LORENZO.

Est-ce vous ?

JESSICA, *derrière la porte.*

Est-ce vous ?

LORENZO.
Moi.

JESSICA.
Moi.

LORENZO.
Qui, vous ?

JESSICA.
La juive
Qui vous aime toujours.

LORENZO.
Eh bien, qu'elle me suive,
Je suis son bien-aimé.

JESSICA.
Qui le prouve, seigneur,
Et quels sont vos témoins ?

LORENZO.
Le ciel seul et ton cœur.

JESSICA. *Elle lui donne sa main qu'il couvre de baisers.*

Oui, car c'est vous, quel autre en connaît le mystère ?
Quel autre sait que j'aime un homme sur la terre,
Et que je viens ici me mettre en son pouvoir ?
Heureuse qu'il soit nuit, et qu'on ne puisse voir
De quel déguisement je me couvre dans l'ombre !
Mais l'Amour est aveugle et le ciel est bien sombre :
Seule, je rougirai d'avoir pu m'oublier
Jusqu'à prendre pour vous l'habit d'un cavalier.
— Gardez cette cassette, elle en vaut bien la peine.

LORENZO *la passe à Gratiano.*

Qu'importe ! viens ! partons !

JESSICA.

Non. Elle n'est pas pleine,
Et j'y veux ajouter encore un diamant.

LORENZO.

Non ; Jessica, venez.

JESSICA.

Attendez un moment.
Elle rentre.

GRATIANO.

Eh ! par mon chaperon ! cette charmante fille[*]
Est juive si l'on veut ; moi, je la dis gentille.

LORENZO.

Ami, je la crois sage, et belle je la vois ;

---

[*] Now, by my hood, a gentile, and no Jew.

Je l'éprouve sincère, et l'adore trois fois.
A Jessica, qui revient.
Ah ! te voilà. Partons vite.

JESSICA.

Je suis tremblante !

LORENZO.

Nous serons poursuivis si notre fuite est lente !

GRATIANO, *criant.*

Les masques vont venir, tu n'as plus qu'un instant.

LORENZO.

Viens ! la rue est déserte et la gondole attend.
Ils montent dans la gondole, et elle part.

Fête vénitienne. — Les danses s'exécutent sur le pont. La mascarade passe sitôt qu'ils sont partis.

ACTE DEUXIÈME

Une galerie du château de Portia et des colonnades italiennes donnant sur de beaux jardins.

SCÈNE PREMIÈRE

PORTIA, NERISSA.

PORTIA.

Oui, je déteste un monde où tout va de travers ;
Mon petit être est las de ce grand univers.

NERISSA.

D'où vous vient cet ennui dans des demeures telles,
Qu'un amant endormi n'en voit pas de plus belles
Quand il rêve aux trésors d'un palais enchanté ?
Avec tant de richesse, avec tant de beauté,
Des ennuis ! des soupirs ! Que feriez-vous, madame,
S'il vous fallait, ainsi qu'à telle honnête femme,
Subir tous les dégoûts d'une condition
Obscure et ce qui suit la basse extraction ?

PORTIA.

Mon Dieu ! qu'il est aisé de dire une sentence,
Et de se relever par des airs d'importance,
De fatiguer les gens par de fausses pitiés,
Ou de les égayer en leur disant : « Riez ! »
Quand on ne peut changer le fond d'un caractère,
On ferait beaucoup mieux, Nerissa, de se taire,
Que de dire au hasard et d'aller trop avant
Sur des afflictions qu'on ignore souvent.

NERISSA.

Mais...

PORTIA, *s'animant.*

Je pourrais aussi sermonner vingt personnes,
Et raisonner en l'air ainsi que tu raisonnes
Bien plus facilement que je n'accomplirais
Le quart des beaux conseils que je débiterais.
Un bon prédicateur va plus loin pour la forme,
Ecoute son sermon lui-même et s'y conforme ;
Si celui que tu fais à tous les maux suffit,
Redis-le toute seule, et fais-en ton profit.

NERISSA.

Mais je ne prétends pas que ma voix réussisse
A modérer l'effroi d'un si grand sacrifice
Que le vôtre ; il s'agit de chercher à loisir
Dans vingt maris charmants celui qu'on veut choisir.

PORTIA.

Choisir ! hélas ! quel mot prononces-tu, cruelle ?
Il ajoute à ma peine une peine nouvelle.

Je ne puis ni choisir celui qui me plairait,
Ni refuser la main qui me répugnerait.
Ai-je lieu d'être en joie?

NERISSA.

Eh! cette loterie
N'était donc pas, madame, une plaisanterie?
J'avais pris pour un jeu votre usage exigeant:
Un choix dans ces coffrets d'or, de plomb et d'argent.

PORTIA.

Ce choix est sérieux. Au lit de mort, mon père,
Que, sans l'avoir connu, cependant je révère,
Fit ce bizarre vœu que j'observe aujourd'hui,
Et que je maudirais sans mon respect pour lui.
Ce palais, tous mes biens, mes trésors et mes terres,
Jusqu'à mes diamants, bijoux héréditaires,
Tout à des étrangers appartiendrait demain,
Si j'allais par mon choix disposer de ma main.
Ce vœu triste et fantasque au hasard me confie,
Et sur un coup me sauve ou bien me sacrifie.
Juge si les joueurs me sont intéressants,
Et si j'ai dû trembler de leurs jeux menaçants.

NERISSA.

Lequel des trois coffrets vous donne pour la vie?

PORTIA.

Aucun ne l'a touché, mon âme en est ravie.
Sur les deux autres seuls s'est exercé leur choix.
Les voyant hésiter, j'ai pâli bien des fois;
Mais je sais à présent que la boîte qui reste
Renferme mon portrait, l'acte et la loi funeste.

NERISSA.

Lorsqu'ils tiraient au sort, madame, votre cœur
A-t-il toujours battu par crainte du vainqueur?

PORTIA.

Hélas! toujours je tremble, et jamais je n'espère
Aussitôt qu'il s'agit d'obéir à mon père;
Car de ces prétendants nommes-en, s'il te plaît,
Un seul qui soit séant seulement pour valet.

NERISSA.

C'est trop sévère aussi. Celui qui se ruine,
Le comte palatin, n'a-t-il pas bonne mine?

PORTIA.

Non. Il a l'air boudeur, hautain, contrariant,
Sans gaité, sans plaisir aucun, même en riant.

NERISSA.

Et l'Anglais Falcombridge?

PORTIA.

Il est sans savoir-vivre;
Le matin, il s'ennuie, et, le soir, il s'enivre.
Il m'influence avant plus qu'après ses repas,
Car toujours il m'ennuie et ne m'enivre pas.

NERISSA.

Et don Pèdre?

PORTIA.

Ah! je hais cette figure brune,
Ce manteau brun, ces airs d'amant au clair de lune,

Ces propos rembrunis ; et je le trouve plat
Autant que sa guitare et son brun chocolat.

NERISSA.

Et le marquis français, madame, que l'on nomme
D'Estrade?

PORTIA.

Dieu l'a fait ; qu'il passe pour un homme,
J'y consens. Mais je crus, lorsqu'à Belmont il vint,
Qu'en l'accueillant chez moi j'en avais reçu vingt,
Tant il se multiplie, et s'agite, et rassemble
Tous les traits de chacun dans un bizarre ensemble.
Il se bat contre une ombre, il pleure, chante et rit,
Changeant, comme d'habits, d'airs, de corps et d'esprit.

NERISSA.

Mais celui qui souvent pour vous voir se déguise
En gondolier sur mer, en moine dans l'église,
Et du page Luigi, par son or attiré,
Acheta cinq ducats votre gant déchiré,
Ce beau Vénitien, qu'en pensez-vous, madame?

PORTIA.

Sans partialité, sur les autres mon âme
Peut longtemps réfléchir, comparer, balancer,
Sur celui-là j'ai peur de ne pouvoir penser.

NERISSA.

Il va tirer au sort.

PORTIA.

Déjà!

NERISSA.

Vous, étonnée?

L'heure précisément que vous aviez donnée
Sonne, et c'est Bassanio qui va se hasarder.

PORTIA.

Pour la première fois, je voudrais retarder.

SCÈNE II

NERISSA, PORTIA, BASSANIO, GRATIANO *et des* PAGES *de leur suite entrent, et* TROIS FEMMES *vêtues de blanc, qui tiennent à la main chacune un coffret, l'un d'or, l'autre d'argent, le troisième de plomb. Un grand nombre de* GENTILSHOMMES *italiens et de* FEMMES *parentes de Portia.*

On remet à Portia une baguette d'or.

BASSANIO *s'avance seul et salue Portia, tandis que Gratiano salue Nerissa et va lui parler d'un air d'intelligence.*

Enfin, je vais, madame, essayer ma fortune,
Et, pour vous, me soumettre à cette loi commune.
Ah! que j'aimerais mieux, dédaignant le hasard,
Vous gagner par l'épée ou bien par le poignard!
A ce jeu, contre tous, ma main serait hardie
Et digne de la vôtre; au lieu qu'abâtardie,
Sans guide que mon cœur (vos yeux le vont troubler),

Portia s'est voilée.

Je sens qu'elle est sans force et qu'elle va trembler.

PORTIA, *lui offrant la baguette sans le regarder.*

Tardez un jour encor ; quelque chose m'attriste
Aujourd'hui...

BASSANIO.

Que vous fait d'ajouter à la liste
Le nom d'un étranger que vous ne verrez plus,
Et que n'ont point choisi vos yeux irrésolus ?
Ne tardons pas.

PORTIA.

Mes yeux que vous pourriez maudire
Peuvent entendre tout, mais ne peuvent rien dire.
Si je me décidais, vous le savez, seigneur,
Il ne me resterait à donner que mon cœur.

BASSANIO.

Plût à Dieu !

PORTIA.

Telle ardeur en serait étouffée.

BASSANIO.

Savoir !...

PORTIA.

Tout s'en irait comme un songe de fée ;
Plus de trésor ; partant, plus d'amour.

BASSANIO.

Essayez.

Vous craignez ?

PORTIA.
Pour nous deux.

BASSANIO.
Nous deux !

PORTIA.
Vous m'effrayez.
On vous écoute. Allez choisir avec prudence ;
Pour moi, je dois attendre et prier en silence.

Elle lui remet la baguette et demeure à l'écart, voilée et recueillie.

BASSANIO, *tenant la baguette d'or dans sa main.*
Or, argent, plomb, choisir ! Dans le choix d'un métal
Trouver un avenir bienheureux ou fatal !
Caprice d'un mourant, tu vas régler ma vie !
Hasard, viens donc régner ! que ta loi soit suivie !
Viens d'un vol inégal, viens, je ne serai pas
Le premier dont ton aile aura sauvé les pas.

Il va examiner les coffres.

GRATIANO.
S'il gagne, j'ai gagné.

NERISSA.
Oui.

GRATIANO.
J'ai votre promesse,
Votre main ?

NERISSA.
Nous verrons.

GRATIANO.
Quand l'aurai-je ?

NERISSA.

A leur messe.

BASSANIO, *sombre. Il revient se promener de long en large sur le devant de la scène.*

Par saint Paul ! pas un signe, un mot n'y fut gravé
Qui conduise l'esprit vainement éprouvé ;
Soulève-toi, mon cœur, et brise cette entrave !
Je trouve, en y songeant, ceci profond et grave ;
Et ce qui là-dessus me passe dans l'esprit,
Je ne sais avant moi si personne l'a dit :
Lorsque pour nous guider la raison est sans flamme,
Que les sens aveuglés sont impuissants, que l'âme
Ne reçoit nul secours, nulle inspiration
De la foi, nul soutien de la religion,
Si l'homme dans son cœur descend et qu'il écoute
Un mouvement secret qui le pousse en sa route,
Conscience ou désir, instinct mystérieux,
Il trouve ce qu'en nous peut-être ont mis les cieux.
Oui, j'en croirai mon cœur, son penchant, son caprice,
Le premier mouvement par lequel il frémisse,
Qui l'éloigne ou l'attire, et je n'arrêterai
Sur cette émotion quand je l'éprouverai.
— Voyons, l'or ? Je le hais. Son aspect me repousse
Comme celui d'un traître à la figure douce,
Fardée, et je le hais non moins que cet argent,
De la dupe au fripon pâle et vulgaire agent.
Sans leur fatal usage et leur ignoble échange,
Je n'aurais pas subi cette torture étrange
De voir, à demi triste et joyeux à demi,
S'humilier pour moi le front pur d'un ami.
A toi donc, pauvre plomb, toi de forme commune,
Plomb simple et dédaigné, comme l'est ma fortune.

Triste et pesant comme elle ! ô noir métal ! qui fonds
Comme mon cœur au feu de ses amours profonds,
A toi donc mon destin bienheureux ou funeste ;
Pour ce moment, le sort est jeté. Pour le reste,
Ce stylet suffira. Si d'un côté ma main
S'égare, elle ira droit dans un autre chemin.
Car je ne vivrai plus privé de ma maitresse
Et chargeant mes amis du poids de ma détresse.

*Il touche le coffret de plomb avec sa baguette.
Alors il regarde dans le coffret.*

J'ai choisi !

*Il met sa main sur ses yeux. Portia accourt,
regarde le coffret, ôte son voile et va lui prendre
la main.*

Quel portrait ? Le vôtre ! Ai-je rêvé ?

PORTIA.

Votre rêve est heureux, et mon voile est levé ;
Levez aussi les yeux, et vous me verrez telle
Que je suis. A présent, je me voudrais plus belle,
Plus riche, plus parfaite, et je voudrais avoir
Pour vous l'offrir, grandeur, rang, famille et pouvoir ;
Mais je n'ai que moi seule avec mon héritage :
Ils sont vôtres tous deux, et le sont sans partage.
Vous aurez à guider une femme sans art,
Qui, malgré cet éclat qu'elle doit au hasard,
Un peu lasse du monde, aime la solitude,
N'est pas même parfois incapable d'étude,
Vivra de votre vie, et, sûre du bonheur,
Vous reconnait déjà pour son prince et seigneur.

BASSANIO.

Oh ! vous m'avez ôté le pouvoir de répondre.
L'épreuve et le succès, tout vient de me confondre ;
Tous mes sens et mon cœur, émus par votre voix,
N'ont qu'un cri de bonheur qu'ils jettent à la fois,
Et que n'exprimerait nulle parole humaine.

PORTIA.

Je veux vous imposer seulement une peine :
C'est celle de porter ma bague. Vous saurez
Que, si le moment vient où vous la quitterez,
Vous perdrez avec elle, à l'instant, votre femme.

BASSANIO.

Si jamais je la perds, j'aurai perdu mon âme.

PORTIA.

Venez, et pour la sieste ; après, séparons-nous :
J'ai besoin de repos peut-être plus que vous.

Ils s'éloignent avec la suite sous les galeries, et restent à s'y promener pendant la scène suivante. Portia et Bassanio sortent de scène un moment, puis reviennent à grands pas avec Lorenzo.

SCÈNE III

NERISSA, GRATIANO.

NERISSA.

A mes genoux !

GRATIANO.

J'y suis.

NERISSA.

Regardez!

GRATIANO.

Je regarde.

NERISSA.

Qu'est ceci?

GRATIANO.

Votre bague.

NERISSA.

Eh bien?

GRATIANO.

Quoi?

NERISSA.

Prenez garde
Si vous faites semblant de ne la pas vouloir,
J'en saïs bien qui feraient bassesse pour l'avoir.

GRATIANO.

A chercher mes discours comme lui je m'applique.

NERISSA.

Vous n'avez pas l'amour aussi mélancolique,

Mauvais sujet ! Pourtant, comme je l'ai promis,
Tenez.

Elle lui donne sa bague.

GRATIANO.

Je tiens.

NERISSA.

Soyez soumis...

GRATIANO.

Je suis soumis.

NERISSA.

A la condition que vous venez d'entendre :
Si vous donnez l'anneau, vous pouvez vous attendre
Que ma main...

GRATIANO, *lui baisant la main.*

Si belle et...

NERISSA.

Que mes doigts...

GRATIANO, *lui baisant les doigts.*

Gracieux
Signeront le contrat !

NERISSA.

Arracheront vos yeux.

SCÈNE IV

Les Mêmes, PORTIA, LORENZO, BASSANIO
et les Pages *reviennent après s'être arrêtés dans la galerie pendant la scène III. L'arrivée très vive de Lorenzo, que l'on voit au fond du théâtre, fait revenir tout le monde en scène.*

GRATIANO.

Merci. Mais, Dieu nous garde, on se trouble, on s'agite,
Là-bas! Je veux mourir si d'un pas je vous quitte;
Car, s'ils s'étaient brouillés, les nouveaux amoureux,
Vous seriez, je crois, femme à vous fâcher comme eux.

PORTIA, *à Lorenzo.*

Au nom du Ciel, monsieur, dites-moi la nouvelle
Que vous apportez.

LORENZO. *Il donne une lettre à Bassanio.*

Mais...

PORTIA.

La lettre, que dit-elle?
C'est la mort de quelqu'un, sinon, certainement,
Il ne deviendrait point si pâle en un moment.
Bassanio, qu'avez-vous? On parle à ceux qu'on aime!
Suis-je pas à présent la moitié de vous-même?

BASSANIO, *lui serrant la main.*

O ma belle Portia! bien triste en vérité,

Bien triste est le récit sur ce papier jeté.
Je vous ai franchement dit que de ma fortune
Il ne me reste rien; de mes terres, aucune;
Que j'ai, pour vous servir et vous plaire, achevé
Le peu d'or qu'en venant au jour j'avais trouvé;
Que l'unique trésor qui me reste est en somme
Dans mes veines, et c'est un sang de gentilhomme.
Mais je n'ai pas tout dit, et je dois ajouter
Que contre mes rivaux, lorsqu'il fallait lutter,
J'engageai d'un ami la fortune et la vie
Entre les mains d'un juif dont l'implacable envie
Profite d'un malheur. Lisez donc; en lisant,
Je crois voir chaque mot écrit avec du sang.

« Mon cher Bassanio, mes vaisseaux ont tous péri. Ce n'est encore qu'un bruit vague dans Venise, et déjà mes créanciers deviennent cruels. Je suis réduit à rien. Mon billet sur le juif va échoir dans quelques heures; les trois jours de délai vont expirer, et il ne sera plus temps de le payer; il ne voudra plus accepter d'argent, mais exigera l'accomplissement du billet. Puisqu'en remplissant ses conditions, il est impossible que je vive, toutes dettes seront acquittées envers vous et moi, si je puis vous voir seulement à ma mort. Cependant, faites ce qu'il vous plaira. Si votre amitié ne vous engage pas à venir, que ce ne soit pas ma lettre. »

Le plus cher des amis, l'âme la plus romaine
Qui reste en Italie et dans l'espèce humaine,
A ce procès sans nom se soumettre pour moi!

PORTIA.

Combien doit-il au juif?

BASSANIO.

Trois mille ducats.

PORTIA.

Quoi!
Pas plus? Donnez-en six, donnez-en douze mille;
Triplez-les s'il le faut, et partez pour la ville
Sur-le-champ. Votre ami, sans doute, vous suivra.

NERISSA, *à Gratiano.*

Allez!

GRATIANO.

C'est mon cousin.

PORTIA.

Tout ce qu'il vous faudra
De serviteurs et d'or, je le donne. Allez vite.
Qui d'un moment perdu peut calculer la suite?
Un bonheur plus parfait au retour vous attend.

BASSANIO.

Je pars, car j'en serais indigne en hésitant.

Il lui baise la main et part avec Gratiano, qui, avec une affectation comique, baise la main de Nerissa.

SCÈNE V

PORTIA, NERISSA, LORENZO.

PORTIA.

Vous, seigneur Lorenzo, demeurez.

LORENZO.

      Ma présence
Vient de vous attrister; mais, madame, je pense
Que vous m'en sauriez gré si vous aviez connu
Ce vertueux ami pour qui je suis venu.

PORTIA.

Je sais bien qui l'oblige: à Venise, on renomme
Le seigneur Antonio pour un très galant homme.
Ami de mon mari, je pense aussi qu'il faut
Qu'il lui ressemble, et soit comme lui sans défaut;
Et j'aurais tout risqué pour le sauver d'un piège
Où le fera tomber ce païen sacrilège.
J'espère, en m'exprimant hautement sur ce juif,
Ne pas vous affliger. Je sais pour quel motif
Vous avez à la hâte abandonné Venise:
C'est une âme de plus qu'Amour donne à l'Église,
N'est-ce pas? Car je crois que Rachel ou Zarah
Est aujourd'hui chrétienne, ou demain le sera.

LORENZO.

Puisque vous savez tout, c'est Jessica, madame,
(Sachez encore cela) que se nomme ma femme.

PORTIA.

Vous devriez aussi parler de sa beauté;
Et, quant à moi, je veux éprouver sa bonté;
Dites-lui de ma part, monsieur, que je la prie
De demeurer ici. Lorsque l'on se marie,
Il faut se préparer à ce grand changement
Par un peu de prière et de recueillement.
Je vais me retirer au prochain monastère

Deux jours. — Si vous voulez habiter cette terre,
Vous me rendrez service. On vous obéira
Comme à nous, à Belmont; — tout vous appartiendra.

LORENZO.

J'accepte de bon cœur cette offre gracieuse,
Sa forme délicate est pour moi précieuse;
J'en suis deux fois touché, madame, et, dès ce soir,
Jessica va se rendre à ce brillant manoir.

Il salue et sort.

SCÈNE VI

PORTIA, NERISSA.

PORTIA.

Nerissa, viens ici; je trame quelque chose.
Es-tu brave? il le faut pour ce que je propose.

NERISSA.

J'ai du courage assez pour monter l'escalier
Sans lumière, et c'est tout.

PORTIA.

L'habit d'un cavalier
Te ferait-il grand'peur à porter?

NERISSA.

Point.

PORTIA.

                        Sois prompte,
Et partons. Il ne faut jamais de fausse honte
Quand, pour faire le bien, on risque un peu pour soi.
Tu vas donc t'embarquer pour Venise, avec moi :
Du danger d'Antonio je veux savoir les suites ;
Si le juif près du doge entame ses poursuites,
Je puis le protéger sans effort apparent,
Par le vieux sénateur Bellario, mon parent.
Nos maris nous verront bientôt sans nous connaître.
— Je veux prendre le ton d'un joyeux petit-maître ;
Je mettrai le manteau, la dague et l'éperon ;
Je parlerai bataille en jeune fanfaron ;
Je dirai les amours des femmes de Venise
Qui glissent des billets dans ma main, à l'église ;
Je gage qu'il me parle et ne me connaît pas.

NERISSA, *marchant*.

J'aurai bien de la peine à faire de grands pas.

PORTIA.

Tu t'accoutumeras à cette mascarade ;
De tes projets hardis tu fais toujours parade.
Eh bien, nous allons voir, sous l'habit d'un garçon,
Qui de nous deux, ma chère, a meilleure façon.

La scène change et représente Venise et le Rialto.
Première décoration.

SCÈNE VII

SHYLOCK, TUBAL.

SHYLOCK, *se jetant au-devant de Tubal.*

Quoi de nouveau, Tubal? Dans Gêne a-t-on trouvé
Ma fille?

TUBAL.

Le chrétien autre part s'est sauvé;
Mais on y parle d'elle et de lui dans la ville.

SHYLOCK.

Ah! ah! mon diamant qui m'a coûté deux mille
Et quatre cents ducats, à Francfort, est parti!

Il arrache sa barbe et ses cheveux.

La malédiction, je l'avais pressenti,
Sur notre nation plus que jamais retombe.

Avec fureur.

Je voudrais voir ma fille, à mes pieds, dans sa tombe,
Avec mes diamants à son cou, mes ducats
A mes pieds, dans sa bière*! Ah! j'ai perdu mes pas;
Que d'argent en recherche! Hélas! perte sur perte.

---

* I would my daughter were dead at my foot, and the jewels in her ear! Would she were hears'd at my foot, and the ducats in her coffin?

Comptant sur ses doigts.

Tant, pris par le voleur; tant, pour la découverte,
Et la manquer! et point de vengeance! Ah! mon front,
Cherche le sac de cendre où cacher ton affront!
Il n'est point de tourments autres que mes alarmes,
D'autres maux que mes maux, de larmes que mes larmes.

Il pleure de rage.

TUBAL.

D'autres marchands n'ont pas un sort beaucoup meilleur.
Antonio, m'a-t-on dit...

SHYLOCK, *passant à la curiosité la plus ardente.*

Un malheur? un malheur?
Lequel? Quoi?

TUBAL.

Ses vaisseaux, dans un mauvais parage,
Ont, presque en même temps, péri par un naufrage.

SHYLOCK.

Grâce à Dieu! grâce à Dieu! Mais est-ce bien certain?

TUBAL.

D'un marin échappé, je l'ai su ce matin.

SHYLOCK, *transporté de joie.*

Ah! merci, bon Tubal, merci! bonne nouvelle!
Ah! ah!

ACTE II, SCÈNE VII.

TUBAL.

Que votre fille a légère cervelle !
On m'a dit qu'elle avait, dans un soir, dépensé
Quatre-vingts ducats.

SHYLOCK, *profondément triste.*

Oh ! oh ! tu m'as enfoncé
Le poignard dans le cœur. Oh ! mes ducats, ma bourse,
Vous reverrai-je encor ?

TUBAL, *poursuivant.*

Dans ma dernière course,
J'ai vu des créanciers d'Antonio, qui m'ont dit
Qu'il ferait banqueroute, et n'avait nul crédit.

SHYLOCK, *passant à une joie excessive et se frottant les mains.*

C'est bon ! il souffrira, j'en ai l'âme ravie !
Je le torturerai, j'arracherai sa vie.

TUBAL, *poursuivant.*

Et l'un d'eux me montrait encor tout triomphant
L'anneau que pour un singe il eut de votre enfant.

SHYLOCK, *désolé.*

Pour un singe, ah ! donner ma turquoise ! C'est elle,
J'en suis sûr. Elle était d'une couleur si belle !
Je l'eus de Scah, jadis, étant garçon encor ;
Elle valait trois fois, cent fois, ce que vaut d'or
Un désert tout rempli de singes.

TUBAL, *poursuivant.*

Et la perte
D'Antonio paraît sûre.

SHYLOCK, *avec joie, entendant sonner l'horloge et regardant son billet.*

Elle est sûre! Oh! oui certe
L'heure a sonné! Viens voir le commissaire! Il faut
Les prévenir d'avance, il est bien en défaut.
J'aurai son cœur! Vois-tu, toute usure est permise,
Tout négoce est permis si je purge Venise
De ce Nazaréen malveillant et moqueur.
Viens chez le commissaire, oh! viens! J'aurai son cœur!

Il court hors de la scène, entrainant Tubal.

SCÈNE VIII

BASSANIO *entre inquiet et rencontre* GRATIANO: *tous deux venaient par des rues opposées à celle où passe Shylock.*

BASSANIO.

Je ne l'ai pas trouvé.

GRATIANO.

Ni moi.

BASSANIO.

                  Ni dans la ville,
Ni sur le Rialto.

GRATIANO.

              Moi, dans mon zèle inutile,
J'ai passé trois quarts d'heure, appelant et cherchant
Sur la place Saint-Marc notre royal marchand.

BASSANIO.

Pauvre Antonio ! Quel bruit semait-on sur la place ?

GRATIANO.

Que le juif enragé ne lui fera pas grâce,
Et que tous ses vaisseaux sont à la fois perdus.
Shylock jette des cris de fureur, entendus
D'un bout du port à l'autre. Il a su que sa fille
Et Lorenzo d'accord avaient forcé la grille,
Et jamais hurlement si confus, si changeant,
Ne fut poussé : « Ma fille ! on a pris mon argent !
Mes ducats ! ô ma fille, un chrétien les emporte !
O mes ducats chrétiens ! on a forcé ma porte !
Justice ! lois ! ma fille et deux sacs cachetés,
Deux gros sacs de ducats ! des diamants montés
Tout en or ! des bijoux rares ! ma fille unique... »
Et les petits garçons sur la place publique
Le suivent en faisant un horrible fracas,
Et criant : « Ses bijoux, sa fille et ses ducats ! »

BASSANIO.

Je crains que tout cela n'augmente encor sa haine
Contre mon pauvre ami.

GRATIANO.

      Nous n'aurons pas la peine
De chercher bien longtemps le vieux juif: le voici
Qui, tout gesticulant, vient de ce côté-ci.

SCÈNE IX

BASSANIO, GRATIANO, SHYLOCK.

GRATIANO, *à Shylock*.

Eh bien, quoi de nouveau sur la place?

SHYLOCK, *qui, accourant, s'arrête tout à coup et reste appuyé sur sa canne à considérer Gratiano*.
          Personne
Ne le sait mieux que vous. Qu'Abraham me pardonne!
Vous savez le secret de ma fille, et comment,
Et quel Nazaréen a fait l'enlèvement?

GRATIANO.

Vrai-Dieu! l'ami, je sais qu'il est dans les coutumes
Des oiseaux de voler sitôt qu'ils ont des plumes.

SHYLOCK.

Elle sera damnée.

GRATIANO.

     Oui, si c'est le démon
Qui juge.

ACTE II, SCÈNE IX.

SHYLOCK.

Oh! Jessica! ma chair et mon sang!

GRATIANO.

Non.
Ton sang n'est pas si pur, ta peau n'est pas si belle.

BASSANIO, *bas.*

Parle-lui d'Antonio.

SHYLOCK, *poursuivant.*

C'est une enfant rebelle!

GRATIANO.

Avez-vous ouï dire au port que les vaisseaux
D'Antonio le marchand ont péri sur les eaux?

SHYLOCK.

C'est encor sur mes bras une mauvaise affaire.
Que ce banqueroutier songe à ce qu'il va faire!
C'est un prodigue. Il ose à peine se montrer
A présent au Rialto, lui qu'on veut admirer!
Qu'il veille à son billet! Il avait la coutume
De me dire usurier. Le mépris, l'amertume
De ses propos joyeux à mes dépens brillait;
Même il prêtait gratis; qu'il veille à son billet!

BASSANIO.

Mais le feriez-vous suivre? Et si par quelque chance
Il perdait ses vaisseaux, ses biens, sans espérance,
Que feriez-vous avec sa chair?

SHYLOCK.

                     Des hameçons
Peut-être pour servir à prendre des poissons.
Si rien ne se nourrit de cette chair humaine,
Elle me sera bonne à bien nourrir ma haine.

Croisant les deux mains en regardant fixement Bassanio.

Il m'a couvert de boue et couvert de mépris,
Et plus de la moitié d'un million me fut pris
Par le tort qu'il m'a fait. Il a ri de mes pertes,
Il a ri de mes gains, de mes offres, couvertes
Par lui pour m'écraser; il a su refroidir
Mes amis, réchauffer, animer, enhardir
Mes ennemis, flétrir notre nation sainte.

Lentement et avec le ton d'une tristesse profonde.

Et pour quelle raison tant de fiel et d'absinthe?
Parce que je suis juif! Un juif n'a-t-il donc pas
Des yeux pour voir, des pieds pour former chaque pas,
Des organes, des sens, des passions, des peines?
Le sang n'est-il pas rouge en coulant de ses veines?
N'est-il pas réchauffé du même été, glacé
Du même hiver que vous? Son cœur est-il placé
Différemment? Celui de vous qu'un juif outrage
Se venge! et vous donnez des exemples de rage
A faire frissonner! Nous, pareils en tout point,
Si vous nous outragez, nous vengerons-nous point?
Ah! docteurs en insulte, en perfide manœuvre,
Vos chrétiennes leçons, je vais les mettre en œuvre,
Et j'aurais du malheur si mes maîtres, d'un coup,
Ne sont par l'écolier surpassés de beaucoup.

ACTE II, SCÈNE IX.

BASSANIO.

Je vous apporte ici la somme tout entière
Que vous doit Antonio.

SHYLOCK.

                Rien sur cette matière ;
Lui seul devait payer, car lui seul m'est connu.
D'ailleurs, il est trop tard, et le temps est venu
D'exiger mon billet.

BASSANIO.

      Je le paye.

SHYLOCK, *regardant à une horloge de la ville.*

                  Il n'importe !
Vous arrivez trop tard d'une heure !

BASSANIO.

               Mais j'apporte
Les ducats.

SHYLOCK.

Je devais plus tôt les recevoir.

BASSANIO.

Je viens pour Antonio, que je n'ai pas pu voir.

SHYLOCK.

Mauvais signe ! tant pis !

BASSANIO.

            En vérité, j'admire
Comment la cruauté discute !

UN VALET.

Je viens dire
Qu'au palais monseigneur Antonio vous attend.

BASSANIO.

Il est ici ? Courons le voir ! Le juif l'entend,
J'ai voulu le payer.

SHYLOCK.

Oui, oui, mais après l'heure ;
Les trois jours expirés, je ferme ma demeure.

Il rentre chez lui et les regarde en riant.

GRATIANO.

Vois son regard cruel !

BASSANIO.

Vois son rire moqueur !
Hélas ! nous arrivons trop tard !

SHYLOCK, *fermant la porte.*

J'aurai son cœur !

ACTE TROISIÈME

Le Rialto. (La même décoration qu'au premier acte.)

SCÈNE PREMIÈRE

ANTONIO, BASSANIO, avec un GEÔLIER, *passent dans la rue;* SHYLOCK *arrête par le bras le geôlier qui conduit Antonio.*

SHYLOCK.

Geôlier! veillez sur lui; qu'on ne me parle pas
De pitié; veillez bien, suivez-le pas à pas.
La foule est grande ici, s'évader est facile;
Tenez-le par le bras. Voilà cet imbécile
Qui prêtait son argent *gratis!* veillez sur lui,
Geôlier!

ANTONIO.

Encore un mot, bon Shylock, j'ai l'appui...
D'un homme...

SHYLOCK.

A mon billet je veux qu'on satisfasse ;
Il faut l'exécuter, à moins qu'on ne l'efface.
Ne me parle donc pas contre un billet : j'ai fait,
Sur le livre, un serment qu'il aurait son effet.
Avant qu'à l'irriter rien t'ait donné matière,
Tu m'as appelé *chien* devant la ville entière.
Puisque je suis un chien, prends donc garde à mes crocs ;
J'aurai justice.

Au geôlier.

Et toi, mauvais gardeur d'escrocs,
Je suis bien étonné que par la ville on laisse
Sortir ce débiteur avec tant de faiblesse.

ANTONIO.

Laisse-moi te parler.

SHYLOCK.

Il fallait au billet

Il fait son geste favori, comptant du doigt sur son pouce gauche.

Satisfaire en trois jours. Moi, je puis, s'il me plaît,
Le faire exécuter. — Je ne veux plus t'entendre.
Crois-tu faire de moi quelque sot au cœur tendre,
Aux yeux mouillés de pleurs, cédant d'un air contrit
A des yeux de chrétien ! Mon billet est écrit,
J'en veux l'acquit ; je vais réclamer mon partage.
Adieu, je ne veux pas en parler davantage.

Il sort.

SCÈNE II

ANTONIO, BASSANIO, LE GEÔLIER.

BASSANIO.

Voilà bien le coquin le plus dur qui jamais
Ait vécu parmi nous !

ANTONIO.

    Laisse-le désormais,
Car le prier serait une inutile chose ;
Il veut avoir ma vie, et j'en sais bien la cause.
A ce persécuteur j'ai souvent arraché
Maint pauvre débiteur que je tenais caché,
Et pour qui je payais. De là me vient sa haine.

BASSANIO.

Le doge voudra-t-il que cette indigne chaine...?

ANTONIO.

Le doge, mon ami, doit respecter la loi,
Et lui laisser son cours et son plus bel emploi.
Tout l'État souffrirait si nos mœurs inégales
Otaient aux étrangers leurs sûretés légales.
Son commerce est fondé sur le facile abord
De chaque nation dans notre vaste port.
 Riant amèrement.
Ainsi donc, en prison. Mes désastres, ma peine,

Jusqu'à ce soir, je crois, me laisseront à peine
Cette livre de chair que veut mon créancier.
Je suis anéanti... Venez... partons, geôlier.

La scène change et représente le tribunal de Venise.

SCÈNE III

LE DOGE, LES MAGNIFIQUES, LES JUGES, ANTONIO, BASSANIO, GRATIANO.

Bassanio serre la main d'Antonio et tombe dans ses bras ; Antonio l'embrasse et le soutient fermement. Ils restent l'un près de l'autre.

LE DOGE, *appelant.*

Antonio !

ANTONIO.

Me voici ! Qu'ordonne Votre Altesse ?

LE DOGE.

Antonio, je ressens une grande tristesse
A voir qu'un adversaire implacable, inhumain,
Persiste à vous poursuivre, et votre acte à la main.

ANTONIO, *saluant.*

J'ai su que Votre Altesse avait pris grande peine
Pour apaiser cet homme et modérer sa haine.

Mais, puisqu'il est si dur et que par nul moyen
La loi ne peut d'un juif préserver un chrétien,
Je dois à ses fureurs opposer ma constance,
Et je n'aurai besoin d'aucune autre assistance
Que celle d'un ami ; j'ai du courage.

LE DOGE.

Allez !
Faites venir le juif devant nous. Appelez !

UN OFFICIER.

Il était à la porte ; il entre.

LE DOGE.

Faites place !

SCÈNE IV

LES MÊMES, SHYLOCK.

Shylock entre par la gauche et reste debout sur le devant de la scène.

LE DOGE.

Shylock, nous pensons tous que, malgré ta menace,
Tu ne conduiras pas jusqu'au dernier excès
De ton invention l'effroyable succès ;
Tu montreras, je pense, alors, une clémence
Qui nous surprendra moins que l'acte de démence
Commis en écrivant les termes du marché.
Tu lui pardonneras, et j'en serai touché.

Non seulement j'y crois, Shylock, et je désire
Que tu fasses pour lui ce que je viens de dire
Et renonces enfin à ce prix, par trop cher,
Qui consiste à lui prendre une livre de chair,
Mais je souhaite encor que ta bonté remette
A l'honnête Antonio la moitié de sa dette.
Jette sur ses malheurs un regard d'intérêt :
Le nombre en est si grand, juif, qu'il écraserait
Ce marchand-roi, sans nous qui demandons sa grâce.
Si tu n'y consens pas, ta dureté surpasse
Celle des Turcs cruels, qui jamais n'ont connu
A quelle urbanité le monde est parvenu.
Réponds-moi, juif; j'attends à présent ta promesse.

SHYLOCK.

J'ai dit mes volontés hier à Votre Altesse.
Par le sabbat, jour saint chez notre nation,
J'ai juré d'exiger son obligation.
Si vous me refusez, que de cette conduite
Votre gouvernement paye à jamais la suite!
Si vous me refusez, que sur votre cité
Tombe ce crime, ainsi que sur sa liberté!
Vous me demanderez, vous, comment une livre
De la peau d'un corps mort me servira pour vivre;
Vous me demanderez si je fais plus de cas
De sa chair que de l'or des trois mille ducats;
Je n'en donnerai pas de cause décidée :
Je réponds à cela que ce fut mon idée.
N'est-ce pas là répondre? Eh! supposons qu'un rat
Vienne dans ma maison causer un grand dégât;
Ne puis-je pas payer, afin qu'on l'empoisonne,
Douze mille ducats? De même je raisonne.

Poursuivons. Bien des gens se trouvent mal à voir
Un porc, d'autres un chat, d'autres un oiseau noir,
Un singe, un papillon ; d'autres s'évanouissent
Aux sons de cornemuse, et d'autres gens pâlissent
Lorsqu'un chien a hurlé ; c'est leur complexion
Qui créa de chacun l'indisposition.
Mais ils sont tous forcés de se mettre en défense,
Et rendre à l'animal offense pour offense ;
De même, je ne puis expliquer ce procès
Tout à mon détriment, si ce n'est par l'excès
D'une haine secrète, inexplicable, intime,
Que j'ai pour Antonio. — Digne seigneur, j'estime
Que vous êtes content de ma réponse ?

BASSANIO, *s'avançant près de Shylock.*
Tout cet aparté entre Bassanio et Shylock doit être dit
très rapidement.

         O Ciel !
Est-ce justifier ton projet, juif cruel,
Homme insensible à tout, sanguinaire ?

SHYLOCK, *regardant son billet.*

         A ton aise ;
Mon billet prescrit-il que mon billet te plaise ?

BASSANIO.
Doit-on tuer toujours ceux que l'on n'aime pas ?

SHYLOCK.
Peut-on haïr quelqu'un sans vouloir son trépas ?

BASSANIO.
Toute offense d'abord n'engendre pas la haine.

SHYLOCK.

Voudrais-tu qu'un serpent ouvrît deux fois ta veine?

ANTONIO, *s'avançant près de Bassanio et lui prenant le bras.*

Bassanio, mon ami, cessez de raisonner
Avec ce juif, il n'a qu'un motif à donner.
Vous pourriez aussi bien supplier la marée
De retirer sa vague en nos ports égarée ;
Vous pourriez aussi bien interroger un loup,
Lui demander pourquoi, sans tuer d'un seul coup
La brebis, il la mord et tâche qu'elle bêle,
Pour que l'agneau la suive et que leur sang se mêle...
Vous pourriez... Mais comment trouver dans l'univers
Quelque chose aussi dur, aussi noir et pervers
Que son cœur! Cessez donc, et je vous en conjure,
De le prier encor; c'est me faire une injure.
Laissez-moi fermement, et comme il me convient,
Livrer moi-même au juif tout ce qu'il lui revient.

Il découvre son sein.

BASSANIO, *au juif, à part.*

Pour trois mille ducats, je t'en donne six mille.

SHYLOCK, *à Bassanio.*

Tu peux serrer ta bourse, elle est bien inutile ;
Tes six mille ducats, chacun fût-il brisé,
Et par le saint prophète en six parts divisé,
Et chaque part fût-elle un ducat, peu m'importe,
Moi, je veux recevoir ce que mon billet porte.

LE DOGE.

Comment, espères-tu miséricorde, ô toi
Qui ne sais pas la faire?

SHYLOCK.

Et qu'ai-je à craindre, moi,
Au jour du jugement? fais-je mal à personne?
Je ne m'emporte pas comme eux, moi, je raisonne.
N'avez-vous pas ici, vous tous, dans vos palais,
Des esclaves traités comme sont vos mulets,
Vos ânes, vos chevaux? Ces malheureux serviles,
Les employez-vous pas aux choses les plus viles?
Si je venais vous dire: « Eh! pourquoi ces fardeaux
De tant d'hommes courbés écrasent-ils le dos?
Donnez-leur de bons lits, et que dans vos familles
Ils dînent en commun! qu'ils épousent vos filles! »
Vous me répondriez: « Ces hommes sont à nous,
Nous les avons payés. » J'en dis autant à vous.
— Ma livre de sa chair, je l'ai très bien payée;
J'exige qu'elle soit par vous-même octroyée.

Avec fureur, cris, emportement, en frappant sa canne.

Je la veux! Honte à vous! honte à vos faibles lois!
Si vous me refusez, je crierai sur les toits
Que l'on n'a plus d'honneur au sénat de Venise!
Aurai-je la justice, enfin, qui m'est promise?
L'aurai-je?

LE DOGE, *à la cour.*

Mon pouvoir m'autorise, seigneurs,
A renvoyer la cour jusqu'à des temps meilleurs;
J'attends que pour juger ce juif qui nous insulte,
Arrive Bellario, savant jurisconsulte;
Je l'ai fait demander pour résoudre ceci.

UN OFFICIER.

Seigneur, un envoyé vient de Padoue ici,
Qui de Bellario rapporte des nouvelles.

LE DOGE.

Donne-les ; j'aime à voir des juges si fidèles
Aux promesses qu'ils font. Qu'il entre.

BASSANIO, *à part, à Antonio.*

Espère. Allons,
Courage en ces débats si sanglants et si longs ;
Le juif aura ma chair, mon sang, mes os, ma vie,
Bien avant qu'une goutte, à tes veines ravie,
Coule, à cause de moi, de ton sein généreux.

ANTONIO.

Tous veulent quelquefois qu'un seul meure pour eux,
Je suis l'agneau qu'on marque et le bouc émissaire.
Quand le fruit est trop mûr, sa chute est nécessaire :
Laissez-moi donc tomber. — Je me confie en Dieu ;
Vivez et composez mon épitaphe. — Adieu.

SCÈNE V

LES MÊMES, NERISSA, *déguisée en clerc d'avocat.*

LE DOGE, *à Nerissa.*

Vous venez de Padoue ?

ACTE III, SCÈNE V.

NERISSA.

Oui, seigneur, et je quitte
Bellario. J'ai pour vous un ordre, et m'en acquitte.

Elle remet ses lettres et parle bas au doge. Pendant ce temps, sur le devant de la scène, Shylock repasse son couteau sur le cuir de son soulier, en mettant un genou en terre.

BASSANIO, *s'approchant pour l'examiner.*

Pourquoi donc d'aussi près aiguiser ton couteau ?

SHYLOCK.

Pour que de ce voleur il coupe mieux la peau.

GRATIANO.

Juif, si tu veux qu'il ouvre une large blessure,
Passe-le sur ton cœur et non sur ta chaussure ;
Car il n'est pas de pierre aussi dure que lui.
Quelle instance pourrait te fléchir aujourd'hui ?

SHYLOCK, *continuant de repasser le couteau.*

Rien. Dans les oraisons que ton espèce invente,
Tu ne pourras trouver prière assez fervente.

GRATIANO, *le regardant à terre.*

Sois damné dans l'enfer, inexorable juif !
Et, si tu vis longtemps, que ce soit un motif
Pour maudire les lois de te laisser la vie.
D'abandonner ma foi je me sens presque envie
En te voyant ; je crois que, pour changer de maux,
Les âmes de nos corps viennent des animaux.
Oui, la tienne (s'il faut qu'âme cela se nomme)
Sort d'un vieux loup pendu pour le meurtre d'un homme,

Et son esprit qu'en l'air une corde exhibait
N'est entré dans ton corps qu'échappé du gibet.

SHYLOCK, *s'interrompant un moment, rit et se met
à l'ouvrage.*

Tant qu'au bas du billet reste la signature,
Tes poumons seulement souffrent de cette injure;
Si tu l'égares trop, tu perdras ton esprit,
Jeune homme! Moi, j'attends: un écrit est écrit.

LE DOGE.

La lettre que voici, seigneurs, nous recommande
Un jeune et savant juge.

NERISSA.

Oui, s'il faut qu'il attende
Plus longtemps à Venise, il attendra.

LE DOGE, *à des juges.*

Seigneurs,
Qu'on aille le chercher; rendez-lui les honneurs
Que nous eussions rendus à Bellario lui-même.

Plusieurs juges sortent avec Nerissa.

En attendant qu'il vienne, en ce moment extrême
Je vous lirai la lettre:

« Votre Altesse soit informée qu'à la réception de sa lettre,
j'étais fort malade; mais qu'à l'instant où son messager est
arrivé, j'ai reçu la visite amicale d'un jeune docteur de Rome
nommé Balthazar. Je l'ai mis au fait du procès entre le juif
et Antonio le marchand. Nous avons feuilleté beaucoup de
livres. Il est muni de mon opinion, à laquelle se joint son
savoir que l'on ne peut trop vous vanter. Il va me remplacer,
d'après mes instances, auprès de Votre Grandeur. Que les

années qui lui manquent ne lui ôtent rien de votre estime, car jamais je ne connus un esprit si mûr dans une tête aussi jeune. Je vous prie de l'accueillir avec bonté ; vous connaîtrez son mérite à l'essai. »

      Or, d'après ce, je crois
Que ce jeune savant, interprète des lois,
Doit être consulté. Son renom le devance :
S'il est ici déjà, dites-lui qu'il s'avance.

SCÈNE VI

Les Mêmes, PORTIA, *vêtue en homme de loi.*

LE DOGE.

Donnez-moi votre main, soyez le bienvenu ;
Votre rare savoir nous est déjà connu ;
Prenez place, et voyons, avant toute autre chose,
Jusques à quel degré vous connaissez la cause.

PORTIA, *s'asseyant devant le doge, à ses pieds.*

Je connais chaque point, chaque détail, touchant
Ce fait. Quel est le juif et quel est le marchand ?

LE DOGE.

Antonio... vieux Shylock, venez.

  Ils se placent à gauche et à droite de Portia.

PORTIA.

      On vous appelle
Shylock ?

SHYLOCK.

Oui, c'est mon nom, Shylock.

PORTIA, *au juif.*

Votre querelle
Est d'étrange nature, et cependant il faut
L'avouer, nul ne peut vous trouver en défaut;
La loi sur lui vous donne un pouvoir légitime.

A Antonio, avec pitié.

Vous allez, s'il le veut, devenir sa victime,
N'est-ce pas?

ANTONIO.

Il le dit.

PORTIA.

Niez-vous sous nos yeux
Son billet?

ANTONIO.

Non.

PORTIA, *s'inclinant ave tristesse.*

Qu'il soit miséricordieux!

SHYLOCK.

Qui pourrait m'y forcer?

PORTIA, *se levant.*

Le plus beau caractère
De la chaste clémence est d'être volontaire.

ACTE III, SCÈNE VI.

Non moins douce pour nous que le lait et le miel,
Ainsi que la rosée elle tombe du ciel,
Et bénit, en disant le saint nom qui pardonne,
Celui qui le reçoit et celui qui le donne.
C'est le plus puissant droit venu du Tout-Puissant,
Et sur son trône assis, un roi compatissant,
Plus que par la couronne, est beau par la clémence,
Car il emprunte d'elle une grandeur immense.
Attributs du Très-Haut, les pouvoirs d'ici-bas
Sont nuls, lorsqu'avec eux elle ne marche pas ;
Il n'est rien parmi nous qui ne s'anéantisse
Sans elle aux yeux de Dieu, pas même la justice.
Si la justice donc est ton seul argument,
Juif, considère aussi sa faiblesse, et comment
A tout homme à genoux chaque jour la prière
Dit qu'en demandant grâce il faut aussi la faire.
Je me suis étendu longtemps sur ce sujet
Dans l'espoir d'arrêter ton rigoureux projet,
Qui peut forcer la cour, d'après nos lois, à rendre
Un arrêt bien cruel, si tu ne veux m'entendre.

SHYLOCK, *frappant sa canne.*

S'amassent sur ma tête et retombent sur moi
Toutes mes actions ! je réclame la loi ;
Je me renferme en elle, et je connais ma cause,
Je veux que du billet on remplisse la clause.

PORTIA.

Antonio donc est-il à ce point indigent,
Qu'il ne soit en état de rendre cet argent ?

BASSANIO, *à Portia.*

Sous les yeux de la cour j'offre ici double somme,

J'offre de la payer douze fois à cet homme
Sous peine de livrer ma tête à son couteau.
Juge, si tout cela n'apaise ce bourreau,
Sa fausseté devient de tout point manifeste.
Que votre autorité, seul recours qui nous reste,
Fasse plier la loi, seulement pour ce jour,
Et qu'enfin l'innocence une fois ait son tour !

PORTIA.

Cela ne doit pas être, et rien ne m'autorise
A changer un seul mot dans les lois de Venise.
De cet antécédent chacun se servirait
Si l'État une fois détruisait un décret ;
Cela ne se peut pas.

SHYLOCK.

    Un Daniel ! un prophète !
Un Daniel jeune et sage ! Ah ! justice m'est faite !
C'est un Daniel !

PORTIA.

    Viens donc, approche et montre-moi
Ton billet.

SHYLOCK.

    Le voilà ! saint docteur de la loi,
Très révérend docteur.

PORTIA.

    On t'offre, prends-y garde,
Le triple des ducats...

ACTE III, SCÈNE VI.

SHYLOCK.

   Malheur à qui hasarde
Un serment dans le ciel, et sur le livre ment!
Puis-je me rétracter? J'ai là-haut un serment.

PORTIA.

Je dois donc déclarer que, d'après la lecture
Du billet, le juif peut, suivant cette écriture,
Satisfaire à sa clause, en pesant et tranchant
Une livre de chair près du cœur du marchand.
Mais, encore une fois, sois clément et retire
Cette condition ; dis-moi : « Oui! » je déchire
Ton billet, et trois fois ton argent t'est payé.

SHYLOCK.

Puisque par cette loi je me trouve étayé,
Vous qui la connaissez et l'appliquez en homme
Savant, judicieux, grave, expert, je vous somme
De donner jugement, jurant que jamais rien
Ne me fera brûler ce billet que je tiens.

ANTONIO, *s'avançant.*

Je supplie instamment la cour qu'elle prononce.

PORTIA, *à Antonio.*

Puisqu'il en est ainsi, voilà notre réponse :
Préparez votre sein au couteau de ce juif.

SHYLOCK, *ravi de joie.*

Oui, son sein! le billet est exact, positif;
Son sein! tout près du cœur.

PORTIA.

              Doucement! tu t'élances
Sans avoir tout prévu : tu n'as pas tes balances.

SHYLOCK, *vivement*.

J'en ai là.

PORTIA.

        Mais il faut quelque chirurgien
Qui soigne sa blessure, et qui pose un lien
Pour arrêter le sang.

SHYLOCK.

          Est-ce dans l'écriture
Du billet?

PORTIA.

      Non, Shylock; mais une créature
Semblable à vous a droit à votre charité.

SHYLOCK.

Moi, je ne le crois pas, si cela n'est porté
Dans le billet?

PORTIA, *à Antonio*.

      Marchand, qu'avez-vous à répondre?

ANTONIO.

Rien, sinon que les maux que Venise a vus fondre
Depuis deux jours sur moi m'ont à tout disposé;
Je suis préparé.

A Bassanio, qui pleure.

      Non, vous n'avez rien causé.

La fortune me traite avec moins d'amertume
Et de dérision que ce n'est sa coutume;
Car presque tous les jours on voit des malheureux
Survivant à leurs biens, fantômes aux yeux creux,
Qu'elle condamne à voir la vieillesse engourdie,
Avec la pauvreté, honteuse maladie,
Arriver tristement, remplaçant leurs beaux jours;
Elle m'a délivré de ce mal pour toujours.
Vous parlerez de moi, vous, votre jeune femme
Et ses amis? je sais la bonté de son âme.
Racontez-lui ma mort, et qu'elle juge, après,
Si vous fûtes aimé. N'ayez point de regrets
Des causes de ceci plus que je n'en éprouve.

Avec un sourire amer.

Ce juif saura bientôt si dans mon cœur se trouve
Quelque autre sentiment qui ne soit pas à vous.

BASSANIO.

Antonio, tout heureux que je suis comme époux,
Je donnerais le monde, et ma vie et ma femme,
Afin que de ce traître on puisse toucher l'âme;
Oui, je consentirais à la sacrifier.

PORTIA, *à demi-voix.*

Ah! que n'est-elle ici pour vous remercier!

GRATIANO.

Quoique j'aime la mienne aussi, je vous assure,
Je la voudrais au ciel pour qu'elle fût plus sûre
De convertir le juif et son cœur endurci.

NERISSA, *à Gratiano.*

Vous êtes bien heureux qu'elle ignore ceci!

SHYLOCK, *à part.*

Voilà bien nos maris chrétiens! race infidèle!
Ma fille en avoir un! J'aimerais mieux pour elle
Un impur rejeton du sang de Barrabas.

Haut.

Vous perdez votre temps à discourir là-bas;
La sentence!

PORTIA, *après avoir consulté le doge.*

La cour adjuge et la loi donne
Cette livre de chair au juif.

SHYLOCK.

Loi juste et bonne!
Bon juge!

PORTIA.

Vous devez la couper sur son sein,
La cour vous le permet.

SHYLOCK.

Savant juge!

BASSANIO, *à part.*

Assassin!

SHYLOCK, *se précipitant le couteau à la main sur Antonio.*

Quelle sentence! Allons! votre poitrine est prête?
Allons! préparez-vous! allons! allons!

PORTIA, *mettant la main entre eux.*

Arrête!

Ce n'est pas tout ; relis ce billet tout-puissant,
Il ne t'accorde pas une goutte de sang...
Une livre de chair ! Prends de chair une livre,
C'est bien ; tu peux la prendre, et la loi te la livre.
Mais, si tu fais couler un peu de sang chrétien,
Au profit de Venise on confisque ton bien.

GRATIANO.

Grand juge ! vois-le donc, juif ! le juge équitable !

SHYLOCK, *laissant tomber ses balances et son couteau.*
Est-ce la loi ?

PORTIA.

Tu peux la voir sur cette table
Et la lire. Ah ! tu veux qu'on soit juste avec toi !
Plus que tu ne voulais nous le serons, crois-moi.

SHYLOCK.

J'accepte donc ton offre, et veux que l'on me compte
Au moins trois fois la somme où le billet se monte.
Relâchez ce chrétien.

BASSANIO.

Prends, voici ton argent.

PORTIA.

Non, le juif eut raison, seigneur, en exigeant
Justice ; mais il faut qu'il n'ait pas autre chose
Que ce qui fut écrit. Ainsi, qu'il se dispose
A couper cette chair ; mais, en coupant, s'il sort
Une goutte de sang, une goutte ! il est mort,
Et ses biens confisqués.

GRATIANO, *riant et se moquant du juif.*

     Un Daniel! un grand juge!
Juif! un second Daniel! reçois ce qu'on t'adjuge,
Infidèle! Es-tu pris maintenant, juif subtil?

PORTIA.

Eh bien, que fait Shylock? pourquoi balance-t-il?

SHYLOCK.

Donnez mon principal, et puis que l'on me laisse
Sortir.

BASSANIO.

  Le voici prêt.

PORTIA.

     Non, c'est une faiblesse,
Il l'a refusé; donc, il ne peut obtenir
Que sa dette.

GRATIANO.

    Un Daniel! ah! je veux retenir
Cet éloge de juif.

SHYLOCK.

    Ne puis-je avoir la somme
Pure et simple?

PORTIA.

Non.

ACTE III, SCÈNE VI.

SHYLOCK.

Non ? Eh bien donc, que cet homme
Aille chercher l'argent au diable ; moi, je sors.

PORTIA.

Non. Arrêtez ce juif... Ah ! tu n'es pas dehors !
Il prend le livre de la loi.
Regarde. Il est porté dans les lois de Venise
Que lorsqu'un étranger aura fait entreprise,
Par indirecte voie ou par quelque moyen,
Quelque projet direct, aux jours d'un citoyen,
La moitié de ses biens doit être abandonnée
A ce Vénitien, l'autre à l'État donnée :
C'est ta position. Comme, en outre, la loi
Prescrit la mort, approche ici, prosterne-toi,
Viens aux pieds de la cour crier miséricorde.

GRATIANO.

Va donc t'agenouiller et demande une corde !
Pour en acheter une, il ne te reste rien.

LE DOGE.

Afin de te montrer quel est l'esprit chrétien,
Et de combien nos mœurs l'emportent sur les tiennes,
Je suis libre, d'après nos coutumes anciennes,
De t'accorder la vie, et je le fais avant
Ta prière à la cour de te laisser vivant.
J'ajoute que tu peux nous faire la demande
De restreindre ta perte au montant d'une amende.

SHYLOCK.

Eh bien, prenez ma vie, et tout, car puis-je encor

Soutenir ma famille, ayant perdu mon or?
Et puis-je vivre encor, perdant ce qui fait vivre?

PORTIA.

Que votre ordre, Antonio, l'accable ou le délivre;
Ses biens vont être tous par vous seul départis :
Que lui laisserez-vous?

GRATIANO.

      Une corde gratis,
Et rien de plus!

ANTONIO.

      Seigneur, pour moi, nulle exigence
Ne retiendra son or; je borne ma vengeance,
Et je désire aussi borner votre pouvoir
A retrancher moitié de son immense avoir,
Pour le rendre demain au mari de sa fille,
Sous les conditions qu'en père de famille
Il lui donne à l'instant cette part de son bien,
Et que, dès ce jour même, il se fasse chrétien.

LE DOGE, *au juif.*

Tu souscriras, ou bien je révoque ta grâce.

PORTIA.

Es-tu content, Shylock, de l'acte qui se passe?

SHYLOCK.

Je suis content : oui, oui; mais laissez-moi partir,
Je ne me sens pas bien, j'ai besoin de sortir;
Vous enverrez chez moi pour signer votre pacte.

LE DOGE.

Va-t'en, je le veux bien; mais tu signeras l'acte.

GRATIANO.

Demain, pour ton baptême, il te faut deux parrains :
Je n'y manquerais pas pour deux mille florins,
Choisis-moi ; si ma main eût écrit la sentence,
On t'en eût donné dix autour d'une potence.

Shylock, qui s'en allait lentement, se retourne, le regarde fixement avec rage ainsi que l'assemblée, croise les bras, soupire profondément et sort.

SCÈNE VII

Les Mêmes, hors SHYLOCK.

LE DOGE, *à Portia.*

Pouvez-vous accepter, comme remerciment,
Un diner ?

PORTIA.

Monseigneur, je vous prie humblement
D'excuser le refus où mon départ m'oblige :
On m'attend à Padoue.

LE DOGE.

Allez donc ; mais j'exige
Que du moins Antonio vous puisse recevoir ;
Ce doit être un bonheur pour lui comme un devoir.

Le doge sort avec les juges.

SCÈNE VIII

ANTONIO, BASSANIO, GRATIANO, PORTIA, NERISSA.

BASSANIO, *à Portia, qui se cache à demi.*

Vous nous avez sauvés d'une infortune telle,
Moi surtout, que, honteux de cette bagatelle,
Je voudrais vous offrir les trois mille ducats
Dus au juif.

ANTONIO.

        Qui de nous peut faire assez de cas
De vos rares talents et de votre éloquence !
Que ne vous dois-je pas pour ce bienfait immense !

PORTIA.

Le plaisir que j'éprouve en voyant nos succès
Me paye entièrement des peines du procès ;
Jamais plus que cela je ne fus mercenaire.

BASSANIO.

Quittez pour cette fois votre usage ordinaire,
Acceptez quelque chose.

PORTIA.

        Eh bien, je veux céder !
Je cherche ce qu'ici je puis vous demander...

ACTE III, SCÈNE VIII.

Vos gants... Je veux souvent les porter en mémoire

Bassanio les ôte et les donne.

De notre grand combat et de notre victoire ;
Je prendrai même aussi cette bague... Eh bien, quoi !
Ne retirez-vous pas votre main ?

BASSANIO.

Non. Pour moi,
Je n'oserais jamais offrir si peu de chose ;
Prenez plutôt, monsieur, ce que je vous propose.

PORTIA.

Je ne veux rien de plus, et je sens, à la voir,
Grand désir qu'elle passe et reste en mon pouvoir.

BASSANIO.

Elle vaut pour moi plus, monsieur, qu'elle ne semble !
J'en ferai chercher une aujourd'hui qui rassemble
Autant de diamants et d'or ; mais celle-ci...

PORTIA.

C'est bon, ne restons pas un temps plus long ici...

BASSANIO.

Je dois vous l'avouer, je la tiens de ma femme,
Qui...

PORTIA.

Cette excuse-là vient d'une fort belle âme !
Mais, vous permettrez bien que, de mon côté, moi,
À ce prétexte, au moins, j'ajoute peu de foi.

BASSANIO.

Elle m'a fait jurer...

PORTIA.

A moins que d'être folle,
Se peut-elle irriter pour une babiole
Qui ne pourrait valoir ce que pour vous j'ai fait!
Adieu, sortons d'ici.
Elle sort avec Nerissa.

SCÈNE IX

ANTONIO, BASSANIO, GRATIANO.

ANTONIO.

Moi, je pense, en effet,
Que pour lui c'est bien peu que son désir l'emporte
Sur vos vœux!

BASSANIO.

L'amitié sera donc la plus forte.
Vous le voulez...

A Gratiano.

Va, cours, donne-lui cet anneau.
Gratiano sort.

Nous, volons à Belmont m'excuser d'un cadeau
Que je n'ai pu, malgré la voix qui nous convie,
Accorder qu'à celui qui vous sauva la vie.

La scène change et représente le palais de Portia, à Belmont. On aperçoit ce palais au fond d'une avenue. Bâtiment italien. Il fait nuit.

SCÈNE X

LORENZO *et* JESSICA *entrent se tenant sous le bras et viennent s'asseoir sur un banc de gazon. Lorenzo tient un livre à la main.*

LORENZO.

Vois, que la lune est belle, et que son disque est pur!
Ce fut dans un tel soir, avec ce ciel d'azur,
Tandis qu'un vent léger caressait la feuillée,
Des larmes de la nuit encor toute mouillée,
Que Troïlus de Troie escalada les murs,
Pour venir doucement, par des chemins obscurs,
Adresser les soupirs de son âme brûlante
A Cressida la Grecque et la voir dans la tente.

JESSICA.

Ce fut un soir pareil que vint, d'un pied léger,
Thisbé, prête à mourir pour le moindre danger,
Et qui, d'un grand lion ayant aperçu l'ombre,
Se sauva.

LORENZO.

Oui, ce fut par un soir non moins sombre,
Que Jessica la juive, à travers plaine et mont,
De Venise, avec moi, courut jusqu'à Belmont.

JESSICA.

Et ce fut, m'a-t-on dit, dans une nuit pareille

Que le beau Lorenzo lui glissa dans l'oreille
Des contes de jeune homme et des serments d'un jour.

LORENZO.

Et dans un soir pareil, calomniant l'amour,
De son ami fidèle elle fut pardonnée,
Quoiqu'elle ait mérité d'en être abandonnée.

Il lui baise les deux mains.

JESSICA, *lui montrant le doigt.*

Je vous ferais passer cette nuit même ici
Pour me venger de vous, si vous m'aimiez, et si...
Mais on vient.

SCÈNE XI

LORENZO, JESSICA, UN DOMESTIQUE.

UN DOMESTIQUE.

J'accours seul en avant, et m'empresse
D'annoncer qu'à l'instant va venir ma maîtresse;
Elle vient lentement et s'arrête, je crois,
Pour prier sur la route au pied de chaque croix.

LORENZO.

Allez dire au château, qu'il faut, dans l'avenue,
Que les musiciens accueillent sa venue
Avec ce qui lui plaît... des accords en plein air.

SCÈNE XII

LORENZO, JESSICA.

LORENZO.

Attendons-les ici. Vois ce jour pâle et clair
Sur les bancs de gazon dormir avec mollesse ;
Sieds-toi. — Des instruments la grâce et la souplesse
Entreront dans nos cœurs par l'ivresse des sens :
Le silence et la nuit conviennent aux accents
Des voix et des accords, double et pure harmonie !
Sur le dôme sans fin vois la foule infinie
Des diamants du ciel dans l'air même incrustés ;
De ces globes suivant leurs chemins veloutés,
Il n'en est pas un seul dont l'invisible roue
Ne produise un concert qui se mêle et se joue
Parmi les chants divins des anges aux yeux bleus ;
Mais cet enchantement des sons miraculeux
Ne se peut révéler qu'aux âmes délivrées
Des corps, et pour toujours de bonheurs enivrées.

Aux musiciens qui entrent et vont se placer au fond.

Allons, musiciens, par un joyeux concert,
Ramenez Portia vers son palais désert.

La musique exécute un air doux.

JESSICA, *tenant ses mains dans celles de Lorenzo.*

D'où vient que la musique en me plaisant m'attriste,
Et qu'aux champs les plus gais mon cœur ému résiste ?

LORENZO, *d'un ton grave.*

C'est que tous vos esprits, fortement attentifs,
Ne font qu'un sentiment des chants gais ou plaintifs;
C'est que votre belle âme est puissamment saisie;
Car voyez les troupeaux, suivant leur fantaisie,
Se jouant et courant par les champs diaprés,
Et de jeunes chevaux bondissant sur les prés :
Si par hasard, au loin, le moindre écho répète
Le bruit du cor de chasse ou bien de la trompette
Ils s'arrêtent, baissant leurs têtes et leurs yeux,
Attristés, attendris, domptés, silencieux.
De là, ces vieux récits que je vous ai fait lire,
D'Orphée et des travaux, miracles de sa lyre,
Enseignant qu'il n'est rien, arbre, fleuve ou rocher,
Que la musique, un jour, ne puisse enfin toucher.
L'homme qui n'a dans lui nulle musique, a l'âme
Froide, âpre et sans ressort, sans généreuse flamme,
Capable de méfaits, de viles trahisons :
Il faut s'en défier. — Écoutons ces beaux sons,
Écoutons la musique.

SCÈNE XIII

LES MÊMES, PORTIA, NERISSA.

PORTIA.

Est-ce bien sous un arbre,
Ou dans le palais même, au pavillon de marbre?

Ce flambeau dans la nuit jette un faible rayon
Comme en un monde impur une belle action.

NERISSA.

Je ne le voyais pas lorsque brillait la lune.

PORTIA.

Auprès des grands pâlit la petite fortune ;
A côté d'une gloire, une célébrité.

LORENZO.

Mais, Jessica, j'entends parler ; en vérité,
C'est la voix de Portia.

PORTIA.

    Quoi ! m'ont-ils reconnue
A ma voix ?

LORENZO.

    Oui ; chez vous, soyez la bienvenue :
Vos époux sont encore à voyager.

PORTIA.

      Eh bien,
Comme ils vont revenir, ne leur racontez rien
De notre courte absence. On les voit sur la route,
Je le sais...

    On entend un cor de chasse.

  Mais le cor...

LORENZO.

    Ah ! ce sont eux sans doute.

SCÈNE XIV

Les Mêmes, BASSANIO, ANTONIO, GRATIANO.

PORTIA.

C'est donc vous, voyageur?

BASSANIO.

      Moi-même, ou plutôt nous!
Car, ma belle Portia, j'amène à vos genoux
Antonio, mon ami : celui de qui la vie
Était, et pour moi seul, par le juif poursuivie,
Celui qui succombait pour un heureux absent,
Celui qui rachetait mon bonheur de son sang.
Le voilà!

PORTIA.

    Votre dette est au moins acquittée
Envers votre ami?

BASSANIO.

    Oui, car je vous ai quittée.

PORTIA.

Sacrifice bien grand!

BASSANIO.

    Plus que vous ne pensez!
Il me rend mieux justice et dit...

ACTE III, SCÈNE XIV.

PORTIA.

                    Assez! assez!
Cette comparaison est vraiment un blasphème.
Vous n'êtes pas ici chez moi, mais chez vous-même,
Monsieur; racontez-nous du moins votre procès.

GRATIANO, *se querellant avec Nerissa.*

Non, l'accusation est injuste à l'excès;
C'est à ce jeune clerc que j'ai donné...

PORTIA, *continuant.*

                    Quels hommes
Vous troubleraient encor dans l'asile où nous sommes?

ANTONIO, *lui baisant la main.*

Vous l'ouvrez au malheur.

JESSICA.

                Et même aux bienheureux!

LORENZO, *à Jessica.*

Grâce à toi, douce enfant du plus dur des Hébreux...

PORTIA.

Antonio, lisez-moi ces lettres, je vous prie;
Je les reçois pour vous à l'instant. Je parie
Qu'elles n'annoncent rien qui vous doive affliger.

ANTONIO, *les ouvrant.*

Eh quoi! madame, eh quoi! savez-vous diriger
La tempête, les vents, la Méditerranée?
Réglez-vous la saison et hâtez-vous l'année?

Quatre de mes vaisseaux sont entrés dans le port !
Après l'homme éloquent qui m'épargna la mort,
C'est à vous que je dois toute ma gratitude.

GRATIANO, *continuant sa querelle avec Nerissa.*

O querelle de femme ! ô folle inquiétude !
Reproche ridicule et petit ! sot tourment !
Débat d'enfant ! soupçon de mégère !

PORTIA.

Eh ! comment !
Là-bas une querelle ?

GRATIANO.

Oui, déjà, oui, madame,
Me voilà querellé par ma future femme,
Pour une pauvre bague, un malheureux bijou
Qui ne vaut pas le quart d'une obole ou d'un sou,
Avec une devise, en vérité, moins forte
Que celle des couteaux qu'aux enfants on apporte ;
C'était *Pensez à moi, souvenez-vous de moi !*
Deux cœurs brûlants percés d'un trait ! je ne sais quoi !...
Et c'est pour cela...

NERISSA.

Non, c'est une bagatelle ;
Mais vous aviez juré jusqu'à l'heure mortelle
De conserver ce gage, et vous l'avez donné.

GRATIANO.

Mais à qui donc ?... Un clerc sans barbe, un nouveau-né
Une espèce d'enfant, pas plus haut que vous-même,

Un petit bavard blond, d'une finesse extrême,
Qui m'a tant demandé cet anneau, que, ma foi...

PORTIA.

Franchement, Gratiano, c'est un manque de foi,
Une atteinte au serment de l'amour conjugale.
Je perdrais la raison pour une offense égale!
Demandez à celui que j'aime s'il voudrait
Renoncer à ma bague, et s'il la donnerait.

BASSANIO, *cachant sa main derrière le dos de Portia, comme pour la caresser.*

Je voudrais à présent que ma main fût coupée,
Ce serait une excuse.

PORTIA, *prenant la main de Bassanio malgré lui.*
    Eh! me suis-je trompée?
Ne l'avez-vous plus?

BASSANIO.

    Non. Si vous pouviez savoir
Quel homme a votre bague, et voulut recevoir
La bague seulement, et quelle fut ma peine
A lui céder ma bague, et combien était vaine
Ma lutte pour garder ma bague, vous verriez
Que ce n'est pas ma faute, et vous vous calmeriez.

PORTIA.

Si vous eussiez connu la valeur de la bague,
Vous sentiriez l'excuse insuffisante et vague;
Si la bague pour vous confirmait le bonheur,
Vous porteriez la bague, et cela par honneur...
Nerissa, nous verrons ma bague à quelque femme.

NERISSA.

C'est certain.

BASSANIO.

    Non, vraiment, sur l'honneur, non, madame;
Il l'a fallu donner, c'est un juge qui l'a.

PORTIA.

C'est un juge, monsieur? Eh bien, ce juge-là,
Croyez que ce n'est point une vaine menace,
Puisqu'il a votre anneau, va prendre votre place.

NERISSA, *se tournant vers Gratiano.*

Son clerc prendra la tienne, et ce sera bien fait.

GRATIANO.

Si je l'y vois jamais, je lui dirai son fait.

PORTIA, *à Bassanio.*

Je l'invite ce soir à m'apporter ma bague.

BASSANIO.

Je l'invite ce soir à rencontrer ma dague.

NERISSA, *à Gratiano.*

J'ai pour lui donner l'heure un billet de bon ton.

GRATIANO.

Moi, pour papier son dos, et pour plume un bâton.

ANTONIO.

Que je suis malheureux de causer ces querelles!

PORTIA.

Ne vous affligez pas trop gravement pour elles ;
Vous qui savez si bien servir de caution,
Donnez-lui cet anneau. Plus de précaution
Et plus d'art à juger les traits de mon visage,
C'est à quoi maintenant cette bague l'engage.

BASSANIO.

C'est la mienne !

ANTONIO.

Eh quoi !

PORTIA.

Oui, la vôtre ; car je fus
Le juge, et Nerissa le clerc.

BASSANIO, *lui baisant la main droite*.

Je suis confus !
C'était vous, Portia ?

ANTONIO, *lui baisant la main gauche*.

Trompeuse bienfaisance !

JESSICA.

Absence bienheureuse !

GRATIANO.

Adorable présence !

LORENZO.

Céleste ruse!

NERISSA.

Ange sauveur!

PORTIA.

Quel embarras!
Chacun dit son injure... où les fuir?

BASSANIO.

Dans mes bras!
Elle se penche sur son épaule.

FIN

LE MÔRE DE VENISE

— OTHELLO —

TRAGÉDIE EN CINQ ACTES

REPRÉSENTÉE POUR LA PREMIÈRE FOIS, A PARIS,
SUR LE THÉATRE-FRANÇAIS

Le 24 octobre 1829

> Come high or low!
> SHAKSPEARE.

> Je voudrais bien savoir si la grande règle de toutes les règles n'est pas de plaire? Laissons-nous aller de bonne foi aux choses qui nous prennent par les entrailles, et ne cherchons point de raisonnements pour nous empêcher d'avoir du plaisir.
> MOLIÈRE.

AVANT-PROPOS

DE L'ÉDITION DE 1839

———

Il y a précisément dix ans que je fis monter le More de Venise sur la scène française. Dix ans! les faits de ce temps sont presque de l'histoire. Dix ans! ce fut là la durée d'un empire et de quelques constitutions; ce qu'il y a de plus ou de moins dans le chiffre ne vaut pas la peine qu'on le discute. C'est donc déjà un événement d'une assez haute antiquité que la représentation de cette tragédie, et l'on en peut parler en historien impartial, désintéressé s'il en fut jamais : car, lorsque je fis escalader par cet Arabe la citadelle du Théâtre-Français, il n'y arbora que le drapeau de l'art aux armoiries de Shakspeare, et non le mien. Et pourtant, j'en appelle aux témoins qui ont survécu à ce jour de bataille, ce fut un scandale qui eût été moins grand si le More eût profané une église.

C'était un temps où la politique semblait assoupie : la trêve d'un ministère modéré ne laissait plus à la dispute guerroyante que le champ des lettres. On s'y porta avec fureur. — Combat intellectuel, émeutes littéraires, journées de théâtre où le public parisien parut s'exercer aux autres journées qui suivirent de près celles-ci. Au mois d'octobre 1829, j'écrivais la lettre qui précède ici la tragédie ; je lui laisse, par conscience, cette âpreté nerveuse et un peu trop cavalière que donnait à tout le monde, alors, l'ardeur de ce petit combat, de ce tournoi à armes courtoises, discourtoises quelquefois.

Lorsque le More fut entré dans la place, il en ouvrit toutes les portes, et l'on sait depuis dix ans quels sont ceux qui y sont entrés, quelles œuvres originales et inventées y furent librement représentées, en dépit de cette puissance surannée qu'un célèbre écrivain nommait « la triple unité, la très-sainte trimourti aristotélique, divin précepte, illustré dans les doctes gloses de Le Batteux et de La Harpe, et dans la rhétorique des demoiselles. » « En révolution, ajoutait-il, lorsque le fait est décidément acquis, le droit n'est jamais bien loin. » Cette révolution était peu de chose, comparée à celle que l'on préparait alors ; mais on fait ce qu'on peut, et nous nous contentâmes de celle-là.

Cette traduction est la seule qui ait jamais été représentée sur la scène française. Dans la même année, j'avais préparé pour le même théâtre la comédie de Shylock, le Marchand de Venise, qui précède Othello ; mais je la conservai en portefeuille telle qu'elle est imprimée ici. J'avais jugé nécessaire, pour la rendre possible à représenter, de la réduire à trois actes. Des obstacles de censure et de rivalités entre deux théâtres retardèrent cette représentation. Au milieu de ces difficultés survint la révolution de Juillet, et le bruit du canon étouffa celui de nos feux d'artifice, ainsi que la mode de ces poétiques controverses sur une nuance dramatique. Je revins à mes œuvres, dont cet essai m'avait détourné un moment, et j'abandonnai cette question de forme, quelque utile qu'elle fût dans des temps assez calmes pour goûter ces fantaisies de l'art. Je m'étais assez assuré que ce dévouement n'était pas encore bien compris.

Toutefois, comme rien ne se perd en France, j'ai la confiance que peu à peu s'y construira un monument pareil à celui que possède l'Allemagne, une traduction en vers, et propre à la scène, de toutes les œuvres de Shakspeare. La première pierre en fut posée avec effort par Othello; elle restera où elle est. Ce sera, j'espère, le théâtre lui-même qui achèvera cette entreprise. Déjà et depuis longtemps sont prêts, parmi nous, plusieurs chefs-d'œuvre de Shakspeare, traduits en vers, et préparés par des poètes qui unissent à leur beau talent un amour de l'art assez généreux pour faire abnégation, pour un jour, de leur propre renommée. Les acteurs qui se sentiront assez grands pour ces rôles immortels sauront bien où trouver Hamlet, Macbeth, le Roi Lear, Jules César et Roméo. Ce sera d'eux, je pense, que viendra cet accomplissement d'une tentative qu'ils firent courageusement alors. Les acteurs, ces martyrs perpétuels de l'art, ces illusions vivantes qui payent de leur personne, qui sont la réalisation de nos pensées, qui reçoivent des blessures si durables et des couronnes si passagères, souffrent sans cesse de la disette des grands modèles, de la rareté des grands rôles, de ces types créés par le génie et dont la beauté ne peut jamais demeurer incontestable que lorsqu'elle est consacrée par la mort du poète, le passage des siècles et l'admiration universelle des générations écoulées. Il faut ces trois conditions sévères pour qu'un grand rôle soit l'épreuve, sans réplique, du talent d'un acteur, la pierre de touche sur laquelle on peut voir si son pied laisse une trace de cuivre ou d'or. Car, dans une œuvre contemporaine, il peut toujours accuser de sa faiblesse le poëme dont il est l'interprète, mais non lorsqu'il succède à une longue suite de tragédiens couronnés sous tel masque impérissable dont le génie a fondu le moule. Pour cette épreuve, nous autres pauvres vivants sommes de peu de valeur. Sans doute, nos grands maîtres nous ont laissé un magnifique trésor national; mais enfin il n'est pas inépuisable, et l'on sentira de plus en plus la nécessité d'ajouter des tableaux aux nôtres, comme à l'École française nos musées ont joint les chefs-d'œuvre des Écoles italienne, flamande et espagnole. Les exclusions étroites ne sont pas dans le génie de notre glorieuse nation, et, lorsque, aux applaudissements universels, on a construit une salle, j'ai presque dit une sainte chapelle, pour une copie de Michel-Ange, on saura bien ouvrir les salles anciennes aux copies de Shakspeare, de Calderon, de Lope de Vega, de Gœthe, de Schiller, ou de tel autre poëte adoré par les nations civilisées.

Écrit le 18 août 1839.

Lettre à Lord***

SUR LA SOIRÉE DU 24 OCTOBRE 1829

ET SUR UN SYSTÈME DRAMATIQUE

———

Vous avez grand tort de vous imaginer que la France s'occupe de moi, elle qui se souvient à peine aujourd'hui de la conquête de l'empereur Nicolas sur l'empire vermoulu des Turcs, laquelle conquête est d'hier. J'ai eu ma soirée, mon cher lord, et voilà tout. Une soirée décide de l'existence ou de l'anéantissement d'une tragédie, elle est même, je vous assure, toute sa vie ; car examinez de près cette question, et vous verrez que si, une heure avant, elle n'était pas tout, une heure après, elle n'était presque pas. Voici comment :

Une tragédie est une pensée qui se métamorphose tout

à coup en machine : mécanique aussi compliquée que le fut la machine de Marly, de royale mémoire, dont vous avez vu quelques soliveaux noirs flottant sur la boue. Cette mécanique se monte à grands frais de temps, d'idées, de paroles, de gestes, de carton peint, de toiles et d'étoffes brodées. Une grande multitude vient la voir. La soirée venue, on tire un ressort, et la machine remue toute seule pendant environ quatre heures : les paroles volent, les gestes se font, les cartons s'avancent et se retirent, les toiles se lèvent et s'abaissent, les étoffes se déploient, les idées deviennent ce qu'elles peuvent au milieu de tout cela ; et si, par fortune, rien ne se détraque, au bout des quatre heures, la même personne tire le même ressort, et la machine s'arrête. Chacun s'en va, tout est dit. Le lendemain, la multitude diminue justement de moitié et la machine commence à s'engourdir. On change une petite roue, un levier, elle roule encore un certain nombre de fois, après lesquelles les frottements usent les rouages qui se désunissent un peu et commencent à crier sur les gonds. Après un autre nombre de soirs, la machine ayant toujours diminué de qualité, et la multitude de quantité, le mouvement cesse tout à coup dans la solitude.

Voilà à peu près la destinée de toutes les idées réduites en mécaniques à ressorts dramatiques, et nommées communément tragédies, comédies, drames, opéras, etc., etc. ; et il n'y a pas à Paris un étudiant qui ne vous puisse dire, à deux jours près, combien de fois celle-ci ou celle-là pourra se mouvoir et opérer avec suite ; l'une cent fois, c'est, dit-on, le maximum ; l'autre six ; une autre plus, une autre moins.

On ne peut le nier : faire jouer une tragédie n'est autre chose que préparer une soirée, et le véritable titre doit être la date de la représentation. Ainsi, d'après ce principe, au lieu de As you like it, *comme écrivit Shakspeare un jour, j'aurais mis, dans l'embarras du choix, en tête de sa comédie* : 6 january 1600. *Et le More de Venise ne doit pas se nommer autrement pour moi que le* 24 octobre 1829.

Aujourd'hui, le bruit est fini, c'est un feu d'artifice éteint. Je ne vous cacherai pas que, lorsque cette idée m'a frappé comme un trait de lumière, j'ai trouvé les préparatifs de ces sortes de soirées un peu bien longs, comme dit souvent notre grand Molière. Par exemple, pour m'arranger un 24 octobre, *il m'a fallu quitter, à mon grand regret, une histoire ou l'histoire (ce qu'il vous plaira) dans le genre de* Cinq-Mars, *que je préparais pour m'amuser moi-même, si je puis, ou amuser les petits enfants. Cette interruption m'a coûté. Mais il le fallait. J'avais quelque chose de pressé à dire au public, et la machine dont je vous ai parlé est la voie la plus prompte. C'est vraiment une manière excellente de s'adresser à trois mille hommes assemblés, sans qu'ils puissent en aucune façon éviter d'entendre ce que l'on a à leur dire. Un lecteur a bien des ressources contre nous, comme, par exemple, de jeter son livre au feu ou par la fenêtre : on ne connait aucun moyen de répression contre cet acte d'indignation ; mais, contre le spectateur, on est bien plus fort : une fois entré, il est pris comme dans une souricière, et il est bien difficile qu'il sorte s'il a des voisins brusques et que le bruit dérange. Il y a telle place où il ne peut tirer son mouchoir. Dans cet état de contradiction, d'étouffement et de suffocation, il faut qu'il écoute. La soirée finie, trois mille intelligences ont été remplies de vos idées. N'est-ce pas là une invention merveilleuse ?*

Or, voici le fond de ce que j'avais à dire aux intelligences, le 24 octobre 1829 :

« Une simple question est à résoudre. La voici.

« La scène française s'ouvrira-t-elle, ou non, à une tragédie moderne produisant : — dans sa conception, un tableau large de la vie, au lieu du tableau resserré de la catastrophe d'une intrigue ; — dans sa composition, des caractères, non des rôles, des scènes paisibles sans drame, mêlées à des scènes comiques et tragiques ; — dans son exécution, un style familier, comique, tragique et parfois épique ?

« *Pour résoudre cette triple question, une tragédie inventée sera suffisante, parce que, dans une première représentation, le public, cherchant toujours à porter son examen sur l'action, marche à la découverte, et, ignorant l'ensemble de l'œuvre, ne comprend pas ce qui motive les variations du style.*

« *Une fable neuve ne serait pas une autorité capable de consacrer une exécution neuve comme elle, et succomberait nécessairement sous une double critique ; des essais honorables l'ont prouvé.*

« *Une œuvre nouvelle prouverait seulement que j'ai inventé une tragédie bonne ou mauvaise ; mais des contestations s'élèveraient infailliblement pour savoir si elle est un exemple satisfaisant du système à établir, et ces contestations seraient interminables pour nous, le seul arbitre étant la postérité.*

« *Or, la postérité a prononcé sur la mort de Shakspeare les paroles qui font le grand homme ; donc, une de ses œuvres faite dans le système auquel j'ai foi est le seul exemple suffisant.*

« *Ne m'attachant, pour cette première fois, qu'à la question du style, j'ai voulu choisir une composition consacrée par plusieurs siècles et chez tous les peuples.*

« *Je la donne, non comme un modèle pour notre temps, mais comme la représentation d'un monument* étranger, élevé autrefois par la main la plus puissante qui ait jamais créé pour la scène, et selon le système que je crois convenable à notre époque, à cela près des différences que les progrès de l'esprit général ont apportées dans la philosophie et les sciences de notre âge, dans quelques usages de la scène et dans la chasteté du discours.

« Écoutez, ce soir, le langage que je pense devoir être celui de la tragédie moderne; dans lequel chaque personnage parlera selon son caractère, et, dans l'art comme dans la vie, passera de la simplicité habituelle à l'exaltation passionnée; du récitatif au chant. »

Voilà quel fut le sens de cette entreprise très désintéressée de ma part, malgré le succès; car il est possible qu'après avoir touché, essayé et bien examiné, avec un prélude de Shakspeare, cet orgue aux cent voix qu'on appelle théâtre, je ne me décide jamais à le prendre pour faire entendre mes idées. L'art de la scène appartient trop à l'action pour ne pas troubler le recueillement du poëte; outre cela, c'est l'art le plus étroit qui existe; déjà trop borné pour les développements philosophes à cause de l'impatience d'une assemblée et du temps qu'elle ne veut pas dépasser, il est encore resserré par des entraves de tout genre. Les plus pesantes sont celles de la censure théâtrale, qui empêche toujours d'approfondir les deux caractères sur lesquels repose toute la civilisation moderne, le prêtre et le roi : on ne peut plus que les ébaucher, chose indigne de tout homme sérieux qui se sent le besoin de voir jusqu'au fond de tout ce qu'il regarde. Je ne compte pas les innombrables et obscures résistances qu'il faut vaincre pour arriver à un résultat passager. Cette modeste traduction, annoncée comme telle et aussi inoffensive que le furent toujours mes écrits, en a éprouvé de si grandes et de si imprévues, que je suis encore à me demander quel miracle la fit réussir. Cependant la soirée du 24 octobre l'a consacrée. Qu'une quinzaine d'autres soirs aient suivi celui-là, qu'il en vienne d'autres encore, peu importe : d'après ce que je vous ai dit, ce sont, comme vous voyez, des soirs de luxe. Puisqu'une tragédie dans son succès a la conformation d'une sirène, *desinit in piscem mulier formosa superne*, que sa queue de poisson commence à s'amoindrir à la ceinture ou au-dessus ou au-dessous, la différence est peu importante; il s'agit de savoir si elle surnagera toujours, et si, après avoir plongé, comme c'est la coutume, elle reparaîtra souvent sur l'eau. Comme ceci est de l'avenir et ne touche que moi et non les questions générales, je n'en ai rien à dire.

Parlons du public.

Que justice lui soit enfin rendue; il a montré hautement qu'il lui fallait entendre et voir la vérité pour laquelle combattent aujourd'hui tous les hommes forts dans tous les arts. Je ne sais ce que c'est que le public, si ce n'est majorité, et elle a voulu ce que nous voulons. Quelque chose me disait que son heure était venue, et il y a longtemps que j'attends qu'elle sonne *. La Routine a reculé cent fois, la Routine, mal qui souvent afflige notre pays, la Routine, chose contraire à l'Art parce qu'il vit de mouvement, et elle d'immobilité. Il n'y a

---

* En 1824, j'imprimai quelque chose de ces mêmes doctrines que je viens de mettre à exécution, dans la *Muse française*. Ce fut à propos d'une honorable tentative de M. de Sorsum, poète et savant qui a trop peu vécu, et traduisit plusieurs tragédies de Shakspeare en prose, vers blancs et vers rimés; système qui n'est pas le mien, et que je crois à jamais impraticable dans notre langue, mais dont je me hâtai de faire connaître l'entreprise avec l'estime que j'ai pour tout esprit qui fait un pas et tente un chemin.

pas de peuple chez lequel aujourd'hui les coutumes de la littérature et des arts enchaînent et clouent à la même place plus de gens que chez nous, que vous croyez si légers. Oui, la grande France est quelquefois négligente, et en toute chose sommeille souvent; cela est heureux pour le repos du monde; car, lorsqu'elle s'éveille, elle l'envahit ou l'embrase de ses lumières; mais le reste du temps, elle reçoit trop souvent la direction, en politique, des plus nuls, en intelligence, des plus communs. De temps à autre, le public, dans sa majorité saine et active, sent bien qu'il faut marcher, et désire des hommes qui avancent; mais presque toujours une foule d'esprits infirmes et paresseux qui se donnent la main forment une chaîne qui l'arrête et l'enveloppe; leur galvanisme soporifique s'étend, l'engourdit, il se recouche avec eux et se rendort pour longtemps. Ces malades (bonnes gens d'ailleurs) aiment à entendre aujourd'hui ce qu'ils entendaient hier, mêmes idées, mêmes expressions, mêmes sons; tout ce qui est nouveau leur semble ridicule; tout ce qui est inusité, barbare; — tout leur est aquilon. Débiles et souffreteux, accoutumés à des tisanes douces et tièdes, ils ne peuvent supporter le vin généreux; ce sont eux que j'ai cherché à guérir, car ils me font peine à voir si pâles et si chancelants. Quelquefois je leur ai fait bien mal, au point de les faire crier; mais, moyennant quelques adoucissements à leur usage, ils se trouvent à présent dans un bien meilleur état de santé; je vous donnerai de leurs nouvelles de temps en temps.

Laissons de côté cette puérile question des représentations dont je vous ai parlé légèrement comme d'une chose assez légère en elle-même. Nous pouvons quelquefois sourire en parlant des hommes, jamais en traitant des idées. Parlons des systèmes en général, et, en particulier, de ce système de réforme dramatique.

Il est incroyable qu'à force de dénaturer les mots, on en soit venu à prendre quelquefois ce mot système en mauvaise part. Système (σύστημα de σύν ίστημι) signifie, par sa racine, si j'ai bonne mémoire du grec, ordre, enchaînement de principes et de conséquences composant une doctrine, un dogme. Tout homme qui a des idées et ne les enchaîne pas dans un système entier est un homme incomplet; il ne produira rien que de vague; s'il fait quelque chose de passable, ce sera au hasard, et comme par bouffées; il marchera toujours à tâtons dans le brouillard. Voyez, au contraire, une pensée neuve germer dans une tête fortement organisée, elle s'y multiplie et se coordonne d'une manière admirable, en un seul instant, tant la chaleur et le travail continu d'un esprit vigoureux la font rapidement mûrir; hardiment fécondée, elle enfante à son tour des générations non interrompues de pensées qui lui ressemblent et dépendent uniquement d'elle. Tout involontaire qu'est l'inspiration du poète, cependant elle l'entraîne souvent à son insu, et sans qu'il puisse s'en rendre compte, dans une succession d'idées qui forment un entier système, une ordonnance parfaite sans laquelle il ne serait pas. Ainsi, je pense que tel homme qui vous paraît tout instinctif et incapable d'écrire une théorie sur ses propres œuvres dès que l'enivrement de l'enthousiasme est apaisé, — cet homme, même fît-il serment qu'il n'a pas de système, — est plus dépendant du sien que tout autre homme, précisément parce qu'il ne se connaît pas, n'a pas analysé le système qui l'entraîne et n'est pas libre de le démolir pour en construire un second supérieur au premier.

L'histoire du monde n'est que celle de plusieurs systèmes en action, et, chacun de ces systèmes étant réduit à son idée première, on pourrait réduire cette histoire elle-même à une vingtaine d'idées tout au plus. Pas un grand homme n'a surgi, homme de pensée ou homme d'action, qui n'ait créé et mis en œuvre un système ; avec cette différence que le penseur est bien supérieur à l'autre en ce qu'il vit dans ses idées, règne par les idées, les présente toutes nues, pures des souillures de la vie, libres de ses accidents, et ne leur devant rien ; tandis que l'autre, capitaine ou législateur, jeté dans un océan de circonstances, élevé par une vague, précipité par l'autre, entraîné par un courant dont il cherche à profiter, change vingt fois de route, de projets et de plans, oubliant le principe qu'il a voulu mettre au jour, et faisant souvent céder sa conviction à sa fortune.

Le mot justifié, redescendons, pour l'appliquer, aux deux systèmes dramatiques qui occupent quelques esprits, l'un par son agonie, l'autre par sa naissance.

Je veux suivre avec vous le même ordre que j'ai établi tout à l'heure et parler d'abord de la composition des œuvres.

Grâce au ciel, le vieux trépied des unités sur lequel s'asseyait Melpomène, assez gauchement quelquefois, n'a plus aujourd'hui que la seule base solide que l'on ne puisse lui ôter : l'unité d'intérêt dans l'action. On sourit de pitié quand on lit dans un de nos écrivains : Le spectateur n'est que trois heures à la comédie ; il ne faut donc pas que l'action dure plus de trois heures. Car autant eût valu dire : « Le lecteur ne met que quatre heures à lire tel poème ou tel roman ; il ne faut donc pas que son action dure plus de quatre heures. » Cette phrase résume toutes les erreurs qui naquirent de la première. Mais il ne suffit pas de s'être affranchi de ces entraves pesantes ; il faut encore effacer l'esprit étroit qui les a créées.

Venez, et qu'un sang pur, par mes mains épanché,
Lave jusques au marbre où ses pas ont touché.

Considérez d'abord que, dans le système qui vient de s'éteindre, toute tragédie était une catastrophe et un dénoûment d'une action déjà mûre au lever du rideau, qui ne tenait plus qu'à un fil et n'avait plus qu'à tomber. De là est venu ce défaut qui vous frappe, ainsi que tous les étrangers, dans les tragédies françaises : cette parcimonie de scènes et de développements, ces faux retardements, et puis tout à coup cette hâte d'en finir, mêlée à cette crainte que l'on sent presque partout de manquer d'étoffe pour remplir le cadre de cinq actes. Loin de diminuer mon estime pour tous les hommes qui ont suivi ce système, cette considération l'augmente; car il a fallu, à chaque tragédie, une sorte de tour d'adresse prodigieux et une foule de ruses pour déguiser la misère à laquelle ils se condamnaient ; c'était chercher à employer et à étendre pour se couvrir le dernier lambeau d'une pourpre gaspillée et perdue.

Ce ne sera pas ainsi qu'à l'avenir procèdera le poète dramatique. D'abord il prendra dans sa large main beaucoup de temps et y fera mouvoir des existences entières; il créera l'homme, non comme espèce, mais comme individu, seul moyen d'intéresser à l'humanité; il laissera ses créatures vivre de leur propre vie, et jettera seulement dans leur cœur ces germes de passion par où se préparent les grands événements; puis, lorsque l'heure en sera venue et seulement alors, sans que l'on sente que son doigt la hâte, il montrera la destinée enveloppant ses victimes dans des nœuds inextricables et multipliés. Alors, bien loin de trouver des personnages trop petits pour l'espace, il gémira, il s'écriera qu'il manque d'air et d'espace; car l'art sera tout semblable à la vie, et dans la vie une action principale entraîne autour d'elle un tourbillon de faits nécessaires et innombrables. Alors, le créateur trouvera dans ses personnages assez de têtes pour répandre toutes ses idées, assez de cœurs à faire battre de tous ses sentiments, et partout on sentira son âme entière agitant la masse. Mens agitat molem.

Je suis juste : tout était bien en harmonie dans l'ex-système de tragédie; mais tout était d'accord aussi dans le système féodal et théocratique, et pourtant il fut. Pour exécuter une longue catastrophe qui n'avait de corps que parce qu'elle était enflée, il fallait substituer des rôles aux caractères, des abstractions de passions personnifiées à des hommes : or, la nature n'a jamais produit une famille d'hommes, une maison entière, dans le sens des anciens (domus) où père et enfants, maîtres et serviteurs se soient trouvés également sensibles, agités au même degré par le même événement, s'y jetant à corps perdu, prenant au sérieux et de bonne foi toutes les surprises et les pièges les plus grossiers, et en éprouvant une satisfaction solennelle, une douleur solennelle ou une fureur solennelle; conservant précieusement le sentiment unique qui les anime depuis la première phase de l'événement jusqu'à son accomplissement, sans permettre à leur imagination de s'en écarter d'un pas; et s'occupant enfin d'une affaire unique, celle de commencer un dénoûment et de le retarder sans pourtant cesser d'en parler.

Donc, il fallait, dans des vestibules qui ne menaient à rien, des personnages n'allant nulle part, parlant de peu de chose avec des idées indécises et des paroles vagues, un peu agités par des sentiments mitigés, des passions paisibles, et arrivant ainsi à une mort gracieuse ou à un soupir faux. O vaine fantasmagorie! ombres d'hommes dans une ombre de nature! vides royaumes!... Inania regna!

Aussi n'est-ce qu'à force de génie ou de talent que les premiers de chaque époque sont parvenus à jeter de grandes lueurs dans ces ombres, à arrêter de belles formes dans ce chaos; leurs œuvres furent de magnifiques exceptions, on les prit pour des règles. Le reste est tombé dans l'ornière commune de cette fausse route.

Il n'est pourtant pas impossible qu'il se trouve encore des hommes qui parlent bien cette langue morte. Dans le quinzième siècle, on écrivait des discours en latin qui étaient fort estimés.

Pour moi, je crois qu'il ne serait pas difficile de prouver que la puissance qui nous retint si longtemps dans ce monde de convention, que la muse de cette tragédie secondaire fut la Politesse. Oui, ce fut elle certainement. Elle seule était capable de bannir à la fois les caractères vrais, comme grossiers; le langage simple comme trivial; l'idéalité de la philosophie et des passions, comme extravagance; la poésie, comme bizarrerie.

La Politesse, quoique fille de la cour, fut et sera toujours niveleuse, elle efface et aplanit tout; ni trop haut ni trop bas est sa devise. Elle n'entend pas la Nature qui crie de toutes parts au génie comme Macbeth : Viens haut ou bas. — Come high or low !

L'homme est exalté ou simple; autrement il est faux. Le poète saura donc à l'avenir que montrer l'homme tel qu'il est, c'est déjà émouvoir. En vérité, je n'ai nul besoin de toucher dès l'abord le fil toujours pressenti d'une action pour m'intéresser à un caractère tracé avec vérité; on m'a déjà ému si l'on m'a présenté l'image d'une vraie créature de Dieu. Je l'aime parce qu'elle est, et que je la reconnais à sa marche, à son langage, à tout son air, pour un être vivant jeté sur le monde, ainsi que moi, comme pâture à la destinée; mais que cet être soit, ou sinon je romps avec lui.

Qu'il ne veuille pas paraître ce que la muse de la politesse, dans son langage faussement noble, a nommé un héros. Qu'il ne soit pas plus qu'un homme, car autrement il serait beaucoup moins ; qu'il agisse selon un cœur mortel, et non selon la représentation imaginaire d'un personnage mal imaginé ; car c'est alors que le poète mérite véritablement le nom d'imitateur de fantômes que lui donne Platon en le chassant de sa république.

C'est dans le détail du style, surtout, que vous pourrez juger la manière de l'école polie dont on s'ennuie si parfaitement aujourd'hui. — Je ne crois pas qu'un étranger puisse facilement arriver à comprendre à quel degré de faux étaient parvenus quelques versificateurs pour la scène, je ne veux pas dire poètes. Pour vous en donner quelques exemples entre cent mille, quand on voulait dire des espions, on disait comme Ducis :

Ces mortels dont l'État gage la vigilance.

Vous sentez qu'une extrême politesse envers la corporation des espions a pu seule donner naissance à une périphrase aussi élégante, et que tous ceux de ces mortels qui, d'aventure, se trouvaient alors dans la salle, en étaient assurément reconnaissants. Style naturel d'ailleurs ; car ne concevez-vous pas facilement qu'un roi, au lieu de faire dire tout simplement au ministre de la police : « Vous enverrez cent espions à la frontière, » dise : « Seigneur, vous enverrez cent mortels dont l'État gage la vigilance ? » Voilà qui est noble, poli et harmonieux.

Des écrivains, hommes de talent pour la plupart, et celui qui m'est tombé sous la main en était, ont été aussi entraînés dans ce défaut par le désir d'atteindre ce qu'on nomme harmonie, séduits par l'exemple d'un grand maître qui ne traita que des sujets antiques où la phrase grecque et latine était de mise. En voulant conserver, ils ont falsifié; forcés par le progrès qui les entraînait malgré eux à traiter des sujets modernes, ils y ont employé le langage imité de l'antique (et pas même antique tout à fait); de là est sorti ce style dont chaque mot est un anachronisme, où des Chinois, des Turcs et des sauvages de l'Amérique parlent à chaque vers de l'hyménée et de ses flambeaux.

Cette harmonie qu'on cherchait est faite, je pense, pour le poème et non pour le drame. Le poète lyrique peut psalmodier ses vers, je crois même qu'il le doit, enlevé par son inspiration. C'est à lui qu'on peut appliquer ceci :

Les vers sont enfants de la lyre :
Il faut les chanter, non les lire.

Mais un drame ne présentera jamais au peuple que des personnages réunis pour se parler de leurs affaires; ils doivent donc parler. Que l'on fasse pour eux ce récitatif simple et franc dont Molière est le plus beau modèle dans notre langue; lorsque la passion et le malheur viendront animer leur cœur, élever leurs pensées, que le vers s'élève un moment jusqu'à ces mouvements sublimes de la passion qui semblent un chant, tant ils emportent nos âmes hors de nous-mêmes.

Chaque homme, dans sa conversation habituelle, n'a-t-il pas ses formules favorites, ses mots coutumiers nés de son éducation, de sa profession, de ses goûts, appris en famille, inspirés par ses amours et ses aversions naturelles, par son tempérament bilieux, sanguin ou nerveux, dictés par un esprit passionné ou froid, calculateur ou candide? N'est-il pas des comparaisons de prédilection et tout un vocabulaire journalier auquel un ami le reconnaîtrait, sans entendre sa voix, à la tournure seule d'une phrase qu'on lui redirait? Faut-il donc toujours que chaque personnage se serve des mêmes mots, des mêmes images, que tous les autres emploient aussi? Non, il doit être concis ou diffus, négligé ou calculé, prodigue ou avare d'ornements selon son caractère, son âge, ses penchants. Molière ne manqua jamais à donner ces touches fermes et franches qu'apprend l'observation attentive des hommes, et Shakspeare ne livre pas un proverbe, un juron, au hasard. — Mais ni l'un ni l'autre de ces grands hommes n'eût pu encadrer le langage vrai dans le vers épique de notre tragédie; ou, s'ils avaient adopté ce vers par malheur, il leur eût fallu déguiser le mot simple sous le manteau de la périphrase ou le masque du mot antique. — C'est un cercle vicieux d'où nulle puissance ne les eût fait sortir. — Nous en avons un exemple irrécusable. L'auteur d'Esther, qui est la source la plus pure du style dramatique épique, eut à écrire en 1672 une tragédie dont l'action était de 1638; il sentit que les noms modernes de l'Orient ne pouvaient entrer dans son alexandrin harmonieusement tourné à l'antique. Que fit-il? Il prit son parti avec un sens admirablement juste, et, ne concevant pas la possibilité de changer le vers, dans ce qu'il nomme poëme dramatique, il changea le vocabulaire entier de ses Turcs et se jeta dans je ne sais quelle antiquité: Bagdad devint Babylone, Stamboul n'osa même pas être Constantinople et fut Byzance, et le nom du schah Abbas, qui assiégeait Bagdad alors, disparut devant ceux d'Osmin et d'Osman. Cela devait être.

Il y a plus. Après vous avoir donné tout à l'heure un exemple des ridicules erreurs où ses imitateurs furent entraînés, je vais défendre celui qui la commit. Je pense qu'il lui était impossible de dire un mot rude et vrai, avec le style qu'il avait employé : ce mot eût fait là l'effet d'un jurement dans la bouche d'une jeune fille qui chante une romance plaintive. Il ne l'aurait pu dire qu'en commençant à faire entendre l'expression simple dès le premier vers. Mais, lorsqu'on a dit pendant cinq actes : *reine* au lieu de votre majesté, *hymen* pour mariage, *immoler* en place d'assassiner, et mille autres gentillesses pareilles, comment proférer le mot tel qu'*espion* ? Il faut bien dire *un mortel*, et je ne sais quoi de long et de doux à la suite.

L'auteur d'Athalie le sentit si bien que, dans les Plaideurs, il rompit à tout propos le vers en faveur du mot vrai moderne, presque toujours trop long pour son cadre et impossible à raccourcir. Le nom antique n'était pas, comme le nom moderne, précédé d'un autre nom ou d'une qualification qui tient à lui comme les plumes à l'oiseau; jamais un page n'annoncera avec un seul vers alexandrin madame la duchesse de Montmorency, et, s'il annonce Montmorency, on le chassera très certainement. Le poète d'Esther dit en pareil cas :

Madame la *comtesse*
De *Pimbesche*.

De même dans les locutions familières qu'il ne veut pas interrompre ni contourner, ce qui serait les défigurer, il dit :

Puis donc qu'on nous permet de *prendre*
Haleine, et que l'on nous défend de nous entendre.

N'en doutez pas, si un écrivain aussi parfait eût été forcé de mettre sur la scène tragique un sujet tout moderne, il eût employé le mot simple et eût rompu le balancement régulier et monotone du vers alexandrin, par l'enjambement d'un vers sur l'autre; il eût dédaigné l'hémistiche, et peut-être même (ce que nous n'osons pas) réintégré l'hiatus, comme Molière lorsqu'il dit : Voici d'abord le cerf DONNÉ AUX chiens; ou abrégé une syllabe comme ici : je me trouve en un fort à l'écart, à la QUEUE DE nos chiens, moi seul avec Drécar.

Je regrette fort, mon ami, que la fantaisie ne lui en ait pas pris vers 1670, il m'eût épargné bien des attaques obscures, signées ou non signées (anonymes dans les deux cas). Il eût évité d'incroyables travaux aux pauvres poètes qui l'ont suivi.

Croiriez-vous, par exemple, vous, Anglais! vous qui savez quels mots se disent dans les tragédies de Shakspeare, que la muse tragique française ou Melpomène à été quatre-vingt-dix-huit ans avant de se décider à dire tout haut un mouchoir, elle qui disait chien et éponge, très franchement? Voici les degrés par lesquels elle a passé avec une pruderie et un embarras assez plaisants :

Dans l'an de l'hégire 1147, qui correspond à l'an du Christ 1732, Melpomène, lors de l'hyménée d'une vertueuse dame turque qui ne se nommait pas Zahra et qui avait un air de famille avec Desdemona, eut besoin de son mouchoir, et, n'osant jamais le tirer de sa poche à paniers, prit un billet à la place. En 1792, Melpomène eut encore besoin de ce même mouchoir pour l'hyménée d'une concitoyenne qui se disait Vénitienne et cousine de Desdemona, ayant d'ailleurs une syllabe de son nom, la syllabe mo, car elle se nommait Hédelmone, nom qui rime commodément (je ne dirai pas à aumône et anémone, ce serait exact et difficile), mais à soupçonne, donne, ordonne, etc. Cette fois donc, il y a de cela trente-sept ans, Melpomène fut sur le point de prendre ce mouchoir; mais, soit que, au temps du Directoire exécutif, il fût trop hardi de paraître avec un mouchoir, soit, au contraire, qu'il fallût plus de luxe, elle ne s'y prit pas à deux fois, et mit un bandeau de diamants qu'elle voulut garder, même au lit, de crainte d'être vue en négligé. En 1820, la tragédie française, ayant renoncé franchement à son sobriquet de Melpomène, et traduisant de l'allemand, eut encore affaire d'un mouchoir pour le testament d'une reine d'Écosse; ma foi, elle s'enhardit, prit le mouchoir, lui-même! dans sa main, en pleine assemblée, fronça le sourcil et l'appela hautement et bravement tissu et don; c'était un grand pas.

Enfin en 1829, grâce à Shakspeare, elle a dit le grand mot, à l'épouvante et évanouissement des faibles, qui jetèrent ce jour-là des cris longs et douloureux, mais à la satisfaction du public, qui, en grande majorité, a coutume de nommer un mouchoir mouchoir. Le mot a fait son entrée; ridicule triomphe! Nous faudra-t-il toujours un siècle par mot vrai introduit sur la scène?

Enfin on rit de cette pruderie. — Dieu soit loué! le poëte pourra suivre son inspiration aussi librement que dans la prose, et parcourir sans obstacle l'échelle entière de ses idées sans craindre de sentir les degrés manquer sous lui. Nous ne sommes pas assez heureux pour mêler dans la même scène la prose aux vers blancs et aux vers rimés; vous avez en Angleterre ces trois octaves à parcourir, et elles ont entre elles une harmonie qui ne peut s'établir en français. Il fallait pour les traduire détendre le vers alexandrin jusqu'à la négligence la plus familière (le récitatif), puis le remonter jusqu'au lyrisme le plus haut (le chant), c'est ce que j'ai tenté. La prose, lorsqu'elle traduit les passages épiques, a un défaut bien grand, et visible surtout sur la scène, c'est de paraître tout à coup boursouflée, guindée et mélodramatique, tandis que le vers, plus élastique, se plie à toutes les formes : lorsqu'il vole, on ne s'en étonne pas; car, lorsqu'il marche, on sent qu'il a des ailes.

Vous êtes un peu plus jeune que moi et beaucoup plus timide. — N'ayez pas de ce que vous appelez mon nom plus de soins que je n'en ai moi-même. Je ne suis point honteux d'avoir traduit une fois en passant, quoique j'aie souffert un peu de la gêne que je m'impose; après tout, que l'œuvre reste, et c'est un diamant de plus au trésor français, diamant brut si l'on veut, il a son prix : ne nous donnât-il qu'un portrait d'Yago que l'on avait ôté d'entre Otbello et Desdemona. Autant eût valu retrancher le serpent de la Genèse.

Notre époque est une époque de renaissance et de réhabilitation tout à la fois; je ne dirai jamais cependant que la loi nouvelle doive être impérissable; elle passera avec nous, peut-être avant nous, et sera remplacée par une meilleure; il doit suffire à un nom d'homme de marquer un degré du progrès. Plus la civilisation avance, plus l'on doit se résigner à voir les idées que l'on sème, comme un grain fécond, s'élever, mûrir, jaunir et tomber promptement, pour faire place à une moisson nouvelle, plus forte et plus abondante, sous les yeux mêmes du cultivateur. Ce désintéressement philosophique a manqué malheureusement à beaucoup des hommes qui nous restent des deux générations qui précèdent la nôtre; comme pour réaliser le mot infâme d'un écrivain de leur siècle, ils ont voulu voir dans leurs fils leurs ennemis, et dans leurs petits-fils les ennemis de leurs fils ; à ce titre, du moins, nous aurions eu droit à leur tendresse ; mais non, pas même cela ; ces vieux enfants se sont irrités de voir sur de jeunes fronts la gravité qu'eux-mêmes devraient avoir ; ils ont cherché à comprimer les mâles rejetons qui les remplacent : les uns ont voulu les étouffer sous le plâtre des derniers siècles, les autres les faucher avec le sabre de l'Empire ; peine inutile, la pépinière a grandi, la forêt pousse de tous côtés des arbres de toute forme, dont les branches noueuses, les jets vigoureux, les larges feuilles ensevelissent dans l'ombre quelques troncs rachitiques et mourants, qui auraient pu vivre encore, s'ils s'étaient appuyés, au lieu de s'isoler.

Qu'est-il arrivé ? Les jeunes gens se sont levés contre leurs devanciers injustes, ils ont compté les cheveux blancs des vieillards, et, dans leur impatience, ils ont dressé des tables mortuaires pour se consoler mutuellement par une espérance impie. J'ai gémi de cette cruauté ; mais pourquoi les avoir persécutés ? Étaient-ils responsables de cette loi qui les pousse en avant avec le genre humain tout entier ?

Loin de détruire les grandes réputations, je dis que l'on doit savoir gré à chacun de son œuvre selon son temps ; la meilleure preuve que j'en puisse donner est ce travail ingrat que j'ai fait, nouvel hommage à une ancienne gloire non européenne, mais universelle ; car, dans le même temps où l'on jouait le More de Venise à Paris, il se jouait à Londres, à Vienne et aux États-Unis. Lorsqu'on a fait fausse route, il faut bien revenir sur ses pas pour se remettre en bon chemin. Il n'existait sur la scène tragique d'autre vers que le vers poli et sujet aux anachronismes dont je vous ai parlé. Il m'a donc fallu reprendre dans notre arsenal l'arme rouillée des anciens poètes français, pour armer dignement l'ancien Shakspeare. Corneille, l'immortel Corneille, avait donné au Cid cette véritable épée moderne d'Othello, dont la lame espagnole est dans l'Ebre trempée. Ebro's temper! Pourquoi ne s'en est-il servi qu'un seul jour?

Je n'ai rien fait, cette fois, qu'une œuvre de forme. Il fallait refaire l'instrument (le style), et l'essayer en public avant de jouer un air de son invention. Si j'avais connu une histoire plus racontée, plus lue, plus représentée, plus chantée, plus dansée, plus coupée, plus enjolivée, plus gâtée que celle du More de Venise, je l'aurais choisie précisément pour que l'attention se portât sans distraction sur un seul point, l'exécution.

Vous, milord, gardez-vous de lire ma traduction, vous la trouveriez aussi imparfaite que je le fais moi-même. Car j'ai encore cette vérité à vous dire, qu'il n'y a pas au monde une seule bonne traduction pour celui qui sait la langue originale, si ce mot est entendu comme reproduction du modèle, comme translation littérale de chaque mot, chaque vers, chaque phrase, en mots, vers, phrases d'une autre langue. Toute traduction est faite pour ceux qui n'entendent pas la langue mère et n'est faite que pour eux : c'est ce que la critique perd de vue trop souvent. Si le traducteur n'était interprète, il serait inutile. Une traduction est seulement à l'original ce qu'est le portrait à la nature vivante. Et quel jeune homme pouvant regarder sa maîtresse daignerait jeter les yeux sur son image? Mais, dans l'absence ou la mort, l'image satisfait. C'est ici même chose. En vain on répète le même chant dans sa langue, c'est un autre instrument; il a donc un autre son et un autre toucher, d'autres modulations, d'autres accords, dont il faut se servir pour rendre l'harmonie étrangère, la NATURALISER; mais une chose y manque toujours, l'union intime de la pensée d'un homme avec sa langue maternelle.

J'ai donc cherché à rendre l'esprit, non la lettre. Cela n'a pas été compris par tout le monde, je l'avais prévu; pour les uns, ceux qui ignorent l'anglais, j'ai été trop littéral : pour les autres, ceux qui le savent, je ne l'ai pas été assez. Ainsi, ce bronze fait à l'image de la grande statue d'Othello vient d'être pressé, battu, tordu par la critique entre l'enclume anglaise et le marteau français. Sous la forme d'un livre, le More va sans doute encore être attaqué. Mais : Parve, sine me, liber, ibis in urbem. Je ne le saurai guère plus que vous. De loin en loin on me raconte qu'un pamphlétaire a griffonné, qu'un bouffon a chanté, qu'un censeur incurable a péroré contre moi. Je ne m'en occupe pas autrement, et je ne sais ni ce qu'ils font ni ce qu'ils sont.

Je n'ai fait là que vous présenter une vue de cette tentative littéraire. Le système entier sera mieux expliqué par des œuvres que par des théories. En poésie, en philosophie, en action, qu'est-ce que système, que manière, que genre, que ton, que style? Ces questions ne sont résolues que par un mot, et toujours ce mot est un nom d'homme. La tête de chacun est un moule où se modèle toute une masse d'idées. Cette tête une fois cassée par la mort, ne cherchez plus à recomposer un ensemble pareil. Il est détruit pour toujours.

Un imitateur de Shakspeare serait aussi faux dans notre temps que le sont les imitateurs d'Athalie.

Encore une fois, nous marchons, et, quoique Shakspeare ait atteint le plus haut degré peut-être où puisse atteindre la tragédie moderne, il l'a atteint selon son temps; ce qui est poésie et observation de moraliste est aussi beau en lui que jamais il l'eût été, parce que l'inspiration ne fait pas de progrès, et que la nature des individus ne change pas; mais ce qui est philosophie divine ou humaine doit correspondre aux besoins de la société où vit le poète; or, les sociétés avancent.

Aujourd'hui, le mouvement est tellement rapide, qu'un homme de trente ans a vu deux siècles contraires de dix ans chacun, l'un tout en action extérieure, guerroyant, conquérant, rude, fort et glorieux, mais sans vie, et comme glacé à l'intérieur, presque sans progrès de poésie, de philosophie et d'arts, ou n'y laissant apercevoir qu'un mouvement de transition; l'autre, immobile et languissant au dehors, mesquin et indécis en action, sans vouloir, sans éclat dans ses faits, mais agité, dévoré intérieurement par un prodigieux travail intellectuel, une fermentation presque sans exemple dans l'histoire et portant en lui comme une fournaise ardente où se refondent, s'élaborent, se coulent et se coordonnent toutes les pensées, dans toutes leurs formes, tous leurs moules et tous leurs ordres; le premier tout semblable à un corps, le second à un esprit. Comment de ce double spectacle ne sortirait-il pas comme une race d'idées toute nouvelle? Qui peut s'étonner de tout ce qui se fait, à moins d'avoir, comme Jérusalem, des yeux pour ne point voir? Pour n'appliquer ceci qu'à l'art dramatique, je pense donc qu'à l'avenir cet art sera plus difficile que jamais pour la France, précisément parce qu'il est affranchi des plus pesantes règles. C'était autrefois une sorte de mérite que d'avoir produit quelque chose malgré elles, et les avoir suivies pouvait faire une réputation. Mais, à présent, ce sera d'un autre point de vue que l'on considérera la tragédie inventée; il lui faudra d'autant plus de beautés naturelles qu'elle aura moins de grâces de convention. C'est par la même raison qu'un cheval faible et ruiné peut avoir au manège une souplesse fort élégante sous les selles de velours, les cocardes, les nœuds, les bridons dorés et les tresses des écuyers; il exécute des voltes et demi-voltes savantes, il fait des soubresauts qui lui donnent un air de force, et il prend un galop mesuré qui singe la vitesse; mais lancez-le nu et au grand air dans une plaine d'Alsace ou de Pologne, et jugez-le à côté d'un étalon sauvage, et vous verrez ce qu'il saura faire.

La liberté, donnant tout à la fois, multiplie à l'infini les difficultés du choix et ôte tous les points d'appui. C'est peut-être pour ce motif que l'Angleterre depuis Shakspeare compte un très petit nombre de tragédies, et pas un théâtre digne du système de ce grand homme*, tandis que nous comptons une quantité d'écrivains du second ordre qui ont donné leur théâtre, collection très supportable dans le système racinien.

J'ai appuyé sur cette remarque, parce que je prévois que, lorsque les exemples viendront, la critique s'armera d'eux et de leur sort à la représentation, pour combattre les règles et le système entier, sans savoir gré des nouvelles difficultés et de l'échelle bien plus grande sur laquelle on mesurera les œuvres futures. En effet, il ne faudra pas moins qu'ajouter à tout ce que Shakspeare eut de poésie et d'observation le résumé ou les sommités de ce que notre temps a de philosophie, et de ce que no-

---

* La seule chose dont je ressente quelque orgueil dans cette entreprise, est d'avoir fait entendre sur la scène le nom du grand Shakspeare, et donné ainsi occasion à un public français de montrer hautement qu'il sait bien que les langues ne sont que des instruments, que les idées sont universelles, que le génie appartient à l'humanité entière, et que sa gloire doit avoir pour théâtre le monde entier.

tre société a de sciences acquises. Les tentatives seront nombreuses et hardies, et tout en sera honorable; la chute sera sans honte, parce que, dans ce monde nouveau, l'auteur et le public ont leur éducation à faire ensemble et l'un par l'autre. — J'espère qu'après tout ce que je viens de vous dire, vous ne me répéterez plus le reproche que vous faisiez à moi et à mes amis, dans votre dernière lettre, d'un zèle d'innovation trop ardent.

Vous vous rappelez cette grande et vieille horloge que je vous fis remarquer souvent? Eh bien, que ce souvenir me serve à vous expliquer ma pensée; elle est pour moi la fidèle image de l'état des sociétés en tous temps.

Son grand cadran, dont les chiffres romains sont pareils à des colonnes, est éternellement parcouru par trois aiguilles. L'une, bien grosse, bien large, bien forte, dont la tête ressemble à un fer de lance et le corps à un faisceau d'armes, s'avance si lentement, que l'on pourrait nier son mouvement; l'œil le plus sûr, le plus fixe, le plus persévérant, ne peut saisir en elle le moindre symptôme de mobilité; on la croirait scellée, vissée, incrustée à sa place pour l'éternité; et pourtant, au bout d'une grande heure, elle aura décrit la douzième partie du cadran. Cette aiguille ne vous représente-t-elle pas la foule des peuples dont l'avancement s'accomplit sans secousse et par un entraînement continuel mais imperceptible?

L'autre aiguille, plus déliée, marche assez vite pour qu'avec une médiocre attention on puisse saisir son mouvement; celle-ci fait en cinq minutes le chemin que fait la première en une heure, et donne la proportion exacte des pas que fait la masse des gens éclairés au delà de la foule qui les suit.

Mais, au-dessus de ces deux aiguilles, il s'en trouve une bien autrement agile et dont l'œil suit difficilement les bonds; elle a vu soixante fois l'espace avant que seconde y marche et que la troisième s'y traîne.

Jamais, non jamais, je n'ai considéré cette aiguille des secondes, cette flèche si vive, si inquiète, si hardie et si émue à la fois, qui s'élance en avant et frémit comme du sentiment de son audace ou du plaisir de sa conquête sur le temps; jamais je ne l'ai considérée sans penser que le poète a toujours eu et doit avoir cette marche prompte au devant des siècles et au delà de l'esprit général de sa nation, au delà même de sa partie la plus éclairée.

Et ce balancier pesant qui les régit par un mouvement invariable, ne verrions-nous pas en lui, si nous suivions cette idée, un symbole parfait de cette inflexible loi du progrès dont la marche emporte sans cesse avec elle les trois degrés de l'esprit humain qui lui sont indifférents, et ne servent, après tout, qu'à marquer successivement ses pas vers un but, hélas! inconnu?

1er novembre 1829.

LE MORE DE VENISE

— OTHELLO —

PERSONNAGES
ET DISTRIBUTION DES ROLES
TELLE QU'ELLE A EU LIEU A LA COMÉDIE-FRANÇAISE

Le 24 octobre 1829

LE DOGE DE VENISE...	M. SAINT-AULAIRE.
BRABANTIO, sénateur, père de Desdémona............	M. DESMOUSSEAUX.
OTHELLO, le More......	M. JOANNY.
CASSIO, son lieutenant....	M. DAVID.
YAGO, son enseigne.......	M. PERRIER.
LUDOVICO, parent de Brabantio, envoyé du Sénat.....	M. GEFFROY.
RODRIGO, jeune gentilhomme vénitien................	M. MENJAUD.
MONTANO, gouverneur de Chypre pour Venise avant l'arrivée d'Othello...............	
UN HÉRAUT............	M. MONTIGNY.
DESDEMONA, fille de Brabantio, femme d'Othello......	Mlle MARS.
EMILIA, femme d'Yago, suivante de Desdemona........	Mme TOUSEZ.
BIANCA, courtisane de Venise, maîtresse de Cassio, amenée par lui à Chypre............	

Sénateurs.
Officiers de Venise et de Chypre.
Matelots; soldats de Venise; femmes de la suite de Desdemona; peuple de Venise et de Chypre.

LE MORE DE VENISE

— OTHELLO —

ACTE PREMIER

A VENISE

La scène représente au fond le Rialto. A gauche, le balcon du palais de Brabantio ; à droite en face, l'hôtel du Sagittaire, auberge de Venise.

SCÈNE PREMIÈRE

RODRIGO, YAGO, *couverts de leurs manteaux à la vénitienne.*

RODRIGO.

Ne m'en parlez jamais. — Je trouve surprenant
Qu'après notre amitié vous veniez maintenant

Montrer de tout cela si grande connaissance :
Comment ! de leur amour vous saviez la naissance,
Tandis que, chaque jour, vous acceptiez mes dons,
Et de ma bourse enfin teniez les deux cordons ?

YAGO.

Eh ! pardieu ! tâchez donc d'écouter pour entendre !
Si jamais j'accusai le More d'être tendre,
Maudissez-moi.

RODRIGO.
J'ai cru que vous le détestiez.

YAGO.

C'est vrai. — N'en croyez pas mes feintes amitiés.
Je n'oublierai jamais son injure ; elle est telle,
Que j'en garde en mon âme une haine mortelle.
J'ai vu trois sénateurs en vain le supplier
Pour mon avancement, sans le faire plier,
Toujours dans son orgueil ferme comme une roche.
Je puis dire pourtant, sans craindre de reproche,
Qu'être fait lieutenant n'était pas trop pour moi ;
Et je ne me sens pas au-dessous de l'emploi.
Mais il a répondu par des phrases fardées,
De termes de bataille horriblement bardées ;
Bref, il a repoussé mes trois sots protecteurs
Avec tous ses propos stériles et flatteurs.
« J'ai choisi, » disait-il ; et quel était son homme ?
Le Florentin Cassio, qu'à Venise on renomme
Pour un galant musqué, mais qui ne saurait pas
Manœuvrer l'escadron pendant cinquante pas ;
Habile à discuter en paix la théorie,
Mais inutile en guerre à servir la patrie :

Voilà le choix du More. Et moi qui, sous ses yeux,
Combattis ou dans Rhode, ou dans Chypre, en cent lieux,
Ottomans ou chrétiens, en Europe, en Afrique,
Partout où l'envoya la noble République,
Je me vois rejeté dans le honteux honneur
D'enseigne, pour servir le moresque seigneur.

RODRIGO.

Ma foi, je quitterais l'armée à votre place.

YAGO.

Ne disons rien ; plus tard, je briserai la glace.
Je veux servir encor, non pour lui, mais pour moi.
Maître ou valet, chacun naît classé malgré soi.
Mais, dans ce monde, il est deux espèces d'esclaves
Les uns, rampants, soumis, amants de leurs entraves,
Usent leurs corps, leur âme et leur temps tour à tour,
Humblement satisfaits du pain de chaque jour.
Aussi, quand ils sont vieux, par une main auguste
Ils sont chassés. Fouettez ces gens-là. C'est bien juste.
Mais d'autres, plus soumis, en apparence, encor,
Dérobent à leur maître et le pouvoir et l'or,
Et, sous ses pieds creusant leur lente et sourde mine,
Pour s'élever plus haut, montent sur sa ruine :
Ceux-là seuls ont de l'âme, et je suis de ceux-là.

RODRIGO.

Elle a pu l'écouter ! — Un More ! qui parla
Avec sa lèvre épaisse, en lui faisant la moue.
— Goût dépravé !

YAGO.

Tandis que de vous on se joue !
C'est bien mal ! — Mais il faut, pour nous venger tous deux,

Faire persécuter ce séducteur hideux ;
Empoisonnons sa joie ; éveillons la famille
Du bon vieux sénateur à qui l'on prend la fille ;
Troublons le premier soir de ce More adoré,
Et que tout son bonheur en soit décoloré.

RODRIGO.

C'est bon. — Je crirai tant, que la ville accourue
Croira trouver le feu brûlant dans chaque rue.

YAGO, *montrant un balcon.*

Son père dort là-haut.

Tous deux s'approchent des hautes fenêtres de Brabantio.

RODRIGO.

    Tant mieux. — Au feu ! seigneur
Très noble Brabantio ! — Levez-vous ! — Au voleur !
A votre coffre-fort !

YAGO.

    Aux verrous ! à la grille !

RODRIGO.

On a pris votre argent !

YAGO.

    On a pris votre fille !

BRABANTIO, *à la fenêtre.*

Eh bien, qu'arrive-t-il ?

RODRIGO.

Comptez bien, s'il vous plaît :
Tout votre monde est-il chez vous au grand complet ?

YAGO.

Et votre porte, hier, l'a-t-on barricadée ?

RODRIGO.

Est-ce par le balcon qu'elle s'est évadée ?

BRABANTIO.

Qui ?

RODRIGO.

Je le vis hier qui rôdait alentour.

YAGO.

La colombe est en proie au vieux et noir vautour.

RODRIGO.

Seigneur, faites sonner les cloches, car j'espère
Qu'avant demain matin nous vous saurons grand-père.

YAGO.

Un cheval africain, c'est un bel animal ;
Mais en faire son gendre !

RODRIGO.

Au moins c'est un cheval
Arabe.

BRABANTIO.

Êtes-vous fou ?

RODRIGO, *saluant avec ironie et affectation.*

Honnête et pacifique,
Je...

BRABANTIO.

Vous êtes un drôle!

YAGO, *saluant et riant.*

Et vous un magnifique
Seigneur!

BRABANTIO.

Les insolents!

RODRIGO.

Seigneur, je prends sur moi
De payer le procès aux mains des gens de loi
S'il est vrai qu'à présent votre fille est chez elle.
Visitez la maison, sa chambre et sa ruelle,
Appelez-la partout, et vous verrez.

BRABANTIO.

Mes gens!
De la lumière*!

Il rentre chez lui et éveille toute la maison.

---

* Je ne pense pas que personne regrette les expressions par trop énergiques dont se sert Yago dans cette scène, et particulièrement celles de cette phrase qui commence par:

I am one, sir, that comes to tell you, etc.

et que je n'achève pas, par respect pour quelques femmes qui savent l'anglais. Tous les acteurs célèbres de l'Angleterre,

SCÈNE II

YAGO, RODRIGO.

YAGO.

Allons ! des soins très exigeants
M'appellent. Vous serez, lors de notre rencontre
Témoin du père, et moi, je serai témoin contre.
Mais je quitte ce lieu. L'air me devient malsain ;
Car, s'il me voit ici, je manque à mon dessein.
L'heure n'est pas venue, et mon rôle est encore
De paraître en tout point créature du More.
Paraitre seulement ; car, ma foi ! je le hais
Dix fois plus que l'enfer, où peut-être je vais.
Le bonhomme, à présent, ne voudra plus se taire,
Tâchez de l'attirer, là même, au *Sagittaire*.
J'y conduis l'amiral. Adieu.

Kean, Kemble, Young et Macready, retranchent habituellement les paroles trop libres. Ce n'est pas dans quelques mots grossiers, qui ne sont plus tolérés dans notre Molière, que réside le génie des grands poëtes, ce n'est que lorsque la situation les exige impérieusement qu'il faut les conserver. J'en donnerai quelques exemples dans la suite de cette tragédie.

SCÈNE III
RODRIGO, BRABANTIO,
suivi de Domestiques, *portant des torches.*

RODRIGO.

Me voilà bien.
Il me laisse!

BRABANTIO.

Ah! seigneur, je reste sans soutien
Dans ma vieillesse! hélas! l'honneur de ma famille!

A Rodrigo.

Comment l'avez-vous vue?

A part.

O malheureuse fille!

A Rodrigo.

C'était avec le More!

A part.

Oh! qui voudra jamais
Être père!

A Rodrigo.

A qui donc se fier désormais?

A ses gens.

Des flambeaux!

A Rodrigo.

Se sont-ils mariés sans obstacle?
En êtes-vous certain*?

---

* Shakspeare affectionne ces propos passionnés interrompus

RODRIGO.

Oui.

BRABANTIO.

C'est donc un miracle!
Il faut qu'il ait usé d'un philtre pour toucher
Ce cœur si fier, qu'en vain je vous vis rechercher.
Rodrigo! plût au ciel...

A ses gens.

Avertissez mon frère...

A Rodrigo.

Qu'elle vous eût choisi! — Croyez-vous nécessaire
D'emmener une escorte?

RODRIGO.

Oui. L'homme, voyez-vous,
Est puissant.

BRABANTIO.

Eh bien, donc, venez. Conduisez-nous.

par l'action dont on est occupé vivement. Ils sont dans la nature et se renouvellent chaque jour autour de nous. J'ai tâché d'en conserver fidèlement le mouvement; il n'y en avait pas d'exemple dans notre tragédie. J'en ferai remarquer plusieurs dans celle-ci. C'est encore un des avantages inappréciables de l'usage des enjambements, à l'aide seul desquels on peut exprimer ce désordre.

SCÈNE IV

OTHELLO *entre avec calme et dignité.*
Des SERVITEURS *portent des flambeaux devant lui.*
YAGO *le suit.*

YAGO.

Quoique dans les hasards du noble état des armes
Il m'ait fallu tuer sans en verser des larmes,
Cependant, je l'avoue, un meurtre médité
M'inspire de l'horreur et m'aurait bien coûté.
J'hésite quelquefois pour ma propre défense :
Mais il a tellement prolongé son offense,
Que je fus bien tenté de lui piquer les flancs.

OTHELLO, *avec calme.*

Cela vaut mieux ainsi.

YAGO.

     Les discours insolents
De ce vieux sénateur, contre votre fortune
Et vous, me laisseront une longue rancune.
J'ai, ma foi, vu l'instant où mon sang révolté
N'était plus contenu par ce peu de bonté
Que vous me connaissez. Mais je vous en supplie,
Quelle est, dites-le moi, l'union qui vous lie ?
Est-ce un bon mariage ? Il le faut, car les lois
Seraient pour le vieillard : on estime sa voix,
Et toujours au conseil d'abord on l'interroge ;
Il balance à lui seul le sénat et le doge,
Et peut vous ruiner par ses hardis propos.

OTHELLO.

Laisse-le s'agiter pour troubler mon repos.
Mes services rendus dans mainte et mainte affaire
Parleront bien plus haut que sa voix ne peut faire.
Un jour, je publirai dans la noble cité,
Si l'on met quelque prix à cette vanité,
Que des rois d'Orient ont fondé ma famille;
Qu'ainsi d'un sénateur je puis aimer la fille,
Sans la faire rougir de moi, car je naquis
L'égal au moins du rang que mon bras m'a conquis.
D'ailleurs, pour les trésors que, dit-on, sous son onde,
Au doge son époux garde la mer profonde,
Je n'aurais pas changé mon sort libre et sans frein,
Si ce n'était l'amour qui fond ce cœur d'airain.
Mais vois quels sont ces feux, ces hommes sur la place.

SCÈNE V

CASSIO et QUELQUES OFFICIERS *paraissent dans l'éloignement au milieu de plusieurs flambeaux.*

YAGO.

C'est le père et les siens; retirez-vous, de grâce!

OTHELLO.

Non, il faut qu'on me trouve en public, et je doi
A l'honneur, à mon rang, de ne pas fuir la loi. —
Regarde, est-ce bien lui?

YAGO.

Par Janus, je me trompe*!
C'est Cassio qui vers nous s'avance en grande pompe.

CASSIO.

Mon général, le doge au palais vous attend.

OTHELLO.

À quelle heure, Cassio?

CASSIO.

Général, à l'instant.
Chypre va nous donner d'importantes affaires,
Car douze messagers viennent de nos galères;
On craint d'apprendre d'eux quelque combat fatal,
Et tous les conseillers sont au palais ducal.

OTHELLO.

Venez donc, mes amis, ma rencontre opportune
Seconde mon devoir; j'en bénis la fortune.

CASSIO.

Je vois des messagers qui vous cherchent aussi.

---

* By Janus, I think, no.
Sans affirmer que Shakspeare ait pensé à faire jurer Yago par le dieu *au double visage,* comme l'assure Letourneur, je vois du moins là-dedans une grande fidélité de couleur locale que j'ai précieusement conservée; les Italiens jurent encore aujourd'hui par les dieux du paganisme : *Per Bacco,* etc.

SCÈNE VI

BRABANTIO *et* RODRIGO *paraissent avec des* MAGISTRATS *et un grand nombre de* SERVITEURS *qui les éclairent.*

YAGO.

C'est bien lui, cette fois, général, le voici.

OTHELLO *leur crie.*

Arrêtez! restez là!

RODRIGO.

Bah! quelques pas encore,
Si vous le permettez. Monseigneur, c'est le More.

BRABANTIO.

Tombez sur lui, le traître! et main-forte à la loi.

Les deux partis mettent l'épée à la main.

YAGO.

Ah! Rodrigo, c'est vous! eh bien, de vous à moi!

OTHELLO.

Tout beau, messieurs! rentrez vos brillantes épées;
Du brouillard de la nuit elles seront trempées.
Cela peut les ternir. — Seigneur, vos cheveux blancs
Commandent mieux ici que ces moyens sanglants.

BRABANTIO.

Qu'as-tu fait de ma fille, ô ravisseur infâme ?
Par quel enchantement as-tu troublé son âme ?
Dis-nous quel maléfice et quel secret poison
Ont à ta destinée enchaîné sa raison ?
Car j'en appelle à tous, j'appelle en témoignage
L'univers. Qui croirait qu'un pareil mariage
Eût jamais engagé le cœur de mon enfant
Si jeune et si jolie, heureuse et triomphant
De la séduction des nobles de Venise ;
Qu'à moins de sortilège, elle se fût éprise
D'un barbare, et qu'elle eût sur son sein profané
Pressé le sein hideux d'un monstre basané ?
— Moi, je viens t'arrêter comme exerçant dans l'ombre
Un art proscrit, jetant un charme impur et sombre,
Corrompant l'innocence, auteur d'un attentat
De magie, et dès lors en horreur à l'État.

OTHELLO, *calme et souriant*.

Allons, je le veux bien, même je le demande ;
Qu'on m'arrête !... Où faut-il, seigneur, que je me rende ?

BRABANTIO.

En prison, jusqu'au jour que les lois ont prescrit,
Où l'on pourra t'en voir sortir mort ou proscrit.

OTHELLO.

Je consens de grand cœur à tout ; mais que ferai-je ?
Le doge et le sénat m'attendent ; ce cortège
Vient à moi de leur part.

BRABANTIO.

Un conseil dans la nuit?
Eh bien donc, qu'à l'instant le More y soit traduit.
Le Sénat doit m'entendre, et ma cause est sa cause.
Il n'est point d'attentat que tout esclave n'ose,
S'il absout ce païen!

OTHELLO.

J'y serai le premier!
Venez-y donc, conduit par votre prisonnier.

Yago prend le bras de Rodrigo et sort avec lui.

La scène change. — Le théâtre représente les grands
appartements du sénat de Venise.

SCÈNE VII

LE DOGE *est sur son trône; des* SECRÉTAIRES *sont devant lui, à une table bordée de lumières, autour de laquelle* LES SÉNATEURS *sont assis; plusieurs* OFFICIERS *se tiennent à quelque distance.*

LE DOGE, *feuilletant des lettres.*

Je ne vois rien de sûr dans ces grandes nouvelles.

PREMIER SÉNATEUR, *feuilletant les lettres qu'il a reçues.*

Les lettres de chacun s'accordent mal entre elles;
On ne m'annonce ici que cent galères.

LE DOGE, *feuilletant aussi ses lettres.*

          Moi,
Je lis deux cents.

   SECOND SÉNATEUR.

     Et nous, un immense convoi,
Que la flotte ottomane à toute voile escorte.

   LE DOGE.

Chypre est le but où tend l'escadre de la Porte ;
C'est évident.

   UN OFFICIER.

  Seigneurs, encore un messager.

   UN MATELOT.

Magnifiques seigneurs, on voit se diriger
Trente voiles vers Rhode ; et Montano m'envoie
Dire que Chypre aussi va devenir leur proie,
S'il n'est pas secouru.

   LE DOGE.

     Nous y saurons pourvoir.
Qu'on cherche Marc Luchèse, et qu'on fasse savoir
Au conseil s'il se trouve à présent à Venise.

   PREMIER SÉNATEUR.

On le dit à Florence.

LE DOGE.

Écrivez l'entreprise
De ses vieux ennemis à ce brave officier.

On entend quelque rumeur aux portes.

PREMIER SÉNATEUR.

C'est un bon général, mais voici le premier.

SCÈNE VIII

Les Mêmes; BRABANTIO et OTHELLO *entrent au Sénat;* CASSIO, RODRIGO, YAGO, *des* Officiers *et une* Suite*.

LE DOGE.

Brave Othello, les Turcs sont en armes. — Venise
Vous confira la flotte en ce moment de crise.

A Brabantio.

Je ne vous voyais pas, seigneur, asseyez-vous;
Vos conseils sont toujours nécessaires pour nous.

---

* Othello entre le premier à gauche de la scène, suivi de Cassio et d'Yago. Il salue le Doge assis au fond de la scène et passe à droite avec Cassio. Yago reste à gauche près de Rodrigo. Brabantio se jette sur son siège de sénateur, resté vide à gauche.

BRABANTIO.

Et les vôtres pour moi. — Puissé-je trouver grâce
Devant votre Grandeur ; ni les soins de ma place,
Ni l'intérêt public ne m'ont fait fuir mon lit ;
Je viens pour dénoncer un énorme délit
Commis contre moi seul, mais si dur, mais si grave,
Que mon chagrin m'absorbe, et que j'en suis esclave
Au point de dédaigner les dangers de l'État.

LE DOGE.

Qu'arrive-t-il ?

BRABANTIO.

Ma fille...

LE DOGE.

Est-ce un assassinat ?

BRABANTIO.

Elle est morte pour moi, prise en mes bras, séduite
Par des philtres secrets ; car enfin sa conduite
Ne peut se concevoir autrement.

LE DOGE.

Nous jurons
Que l'homme, quel qu'il soit, quand nous le jugerons,
Serait-il notre fils, recevra la sentence
De votre propre main qui tiendra la balance,
Et qui désignera, sur le livre sanglant,
La plus sévère loi pour son crime insolent.

BRABANTIO, *se levant*.

Merci, doge ; voilà cet homme, c'est le More.

TOUS LES SÉNATEURS, *se levant.*

Lui! le More!

BRABANTIO.

Lui-même.

LE DOGE.

Il faut le dire encore,
Nous devons le juger.

A Othello.

Nous vous estimons tous,
Général; cependant que lui répondrez-vous?

OTHELLO; *il salue avec respect et parle avec calme.*

Très graves, très puissants seigneurs, mes nobles maîtres,
Réservez la rigueur de vos lois pour les traîtres.
Moi, que j'aie enlevé la fille du vieillard!
C'est vrai. — Je vous dis là mon offense, sans fard,
Sans voile. — Il est aussi très vrai qu'elle est ma femme;
Voilà tout. — Je suis rude, et je n'ai pas dans l'âme
Des paroles de paix; je suis né dans les camps;
Et depuis que ces bras frappent... j'avais sept ans,...
Sous la tente mes nuits se passèrent entières,
Hormis pendant le cours des neuf lunes dernières.
Aussi, dans l'univers n'ayant qu'un intérêt,
J'aurais bien peu de chose à dire qui n'eût trait
A des combats, des faits de bravoure à la guerre. —
En faisant mon récit, je ne l'ornerai guère;
Mais pourtant vous saurez par quel philtre puissant
(Comme il dit) j'ai régné sur ce cœur innocent.

BRABANTIO.

Hélas! c'est une enfant si douce et si timide,
Seigneurs, qu'un mouvement, qu'un geste trop rapide,

Que le moindre sourire à son âge échappé
La couvre de rougeur. — Et me croire trompé ?
Croire que, sans l'effort d'une puissance occulte,
Elle ait payé mes soins paternels par l'insulte ?
C'est impossible !

OTHELLO.

Eh bien, seigneurs, permettez-nous
De la faire paraître un instant devant vous.
Son père jugera lui-même s'il s'abuse :
Je me livre à la mort si son aveu m'accuse.

LE DOGE.

Que Desdemona vienne elle-même au palais.
Que plusieurs officiers partent.

OTHELLO.

Conduisez-les,
Yago ! vous connaissez sa nouvelle demeure ;
Dites-lui qu'au sénat il faut venir sur l'heure.

Le Doge fait un geste, et des officiers vont la chercher. Yago sort avec eux après avoir fait un signe d'intelligence à Rodrigo, qui s'évade et le suit.

En l'attendant, seigneurs, aussi sincèrement
Que l'on confesse au Ciel un secret sentiment,
Je vais vous exposer comment la jeune femme
A reçu mon amour et m'a livré son âme.

LE DOGE.

Parlez.

OTHELLO.

Son père alors m'aimait et très souvent

M'invitait; nous parlions de ma vie, en suivant
Par année et par jour les sièges, les batailles,
Les désastres sur mer, les vastes funérailles
Où je m'étais trouvé; je parcourais les temps
De mes plus grands périls, et ces rudes instants
Où la mort en passant nous effleure la tête;
Je lui disais comment je devins la conquête
D'un barbare ennemi, comment je fus vendu,
Racheté, voyageur dans un pays perdu;
Je disais le caprice et la fureur des ondes,
Les détours souterrains des cavernes profondes,
Et l'ennui du désert, et l'orgueil de ces monts
Qui suspendent au ciel les neiges de leurs fronts*;
Caravane aux lieux saints, dangers, science ou gloire,
Tout ce qui dans ma vie est digne de mémoire. —
Parfois Desdemona, d'un air triste et touché,
Venait entre nous deux s'asseoir, le front penché,
Aux serviteurs nombreux portait vite un message,
Puis revenait plus vite encor. Son beau visage
Pâlissait en prêtant l'oreille à mes propos.
Je l'avais remarqué. Dans un jour de repos,
Elle se trouvait seule et me fit la prière
De lui redire encor l'histoire tout entière.
Je voyais en parlant des larmes dans ses yeux,
Et, lorsque je me tus, les élevant aux cieux,
Elle rougit et dit que ce voyage étrange
Était touchant! et puis ajouta qu'en échange
D'un tel récit, son cœur donnerait de l'amour
Si quelqu'un en faisait un pareil quelque jour.
Je pus à cet aveu parler sans crime extrême.
Pour mes périls passés elle m'aima; de même,

---

* On venait de découvrir alors le nouveau monde.

Je l'aimai quand je vis qu'elle en avait pitié*.
A toute ma magie on est initié.
Seigneur, consultez-la, je la vois qui s'avance.

SCÈNE IX

Les Mêmes, DESDEMONA, *vêtue de blanc et voilée à demi*. YAGO *l'accompagne, suivi des* Officiers du Sénat.

LE DOGE, *à Brabantio*.

Je l'avoue, et l'aveu peut-être vous offense,
Je crois qu'à ce discours si digne d'intérêt,
Sans m'irriter, ma fille aussi s'attendrirait.

---

* She lov'd me for the dangers I had pass'd
And I lov'd her, that she did pity them.

J'ai tâché de conserver à ce récit le caractère de grandeur et de simplicité si touchant dans l'original ; et là où se trouve le *chant*, selon le sens que j'ai donné à ce mot, dans la lettre à lord***, j'ai cherché à être aussi littéral que possible : quelquefois, comme le verront ceux qui savent également bien les deux langues, j'ai réussi à mettre le mot sous le mot. Car, en les cherchant avec soin, on trouve d'étonnantes et fraternelles analogies entre la langue anglaise et la nôtre, qui fut entée par Guillaume le Conquérant sur le vieux saxon. Le vieil anglais conserve l'*e* muet du français dans une foule de mots, et la première édition de Shakespeare, sur laquelle j'ai fait ce travail, est remplie d'expressions de notre ancien langage : en les remettant en usage, on pourrait, *en prose*, traduire l'ancien anglais mot à mot.

BRABANTIO.

Écoutez-la parler, je vous prie elle-même ;
Et, si sa voix confesse au sénat qu'elle l'aime,
Plus de reproche ensuite à l'homme ; sur ma foi,
Je renonce à ma plainte.

A sa fille.

     Approchez ; dites-moi
Lequel de nous a droit à votre obéissance ?

DESDEMONA, *passant à la droite d'Othello,
comme sous son égide.*

Je vois ici, mon père, une double puissance :
Mon éducation et ma vie ont été
Votre bien jusqu'ici ; mais, à la vérité,
Je n'avais d'autre nom encor que votre fille ;
Je suis femme à présent et dans votre famille
J'amène mon mari. Vous le voyez. Autant
Ma mère vous montra jadis de dévouement,
Autant j'en dois au More, à mon seigneur et maître.

BRABANTIO.

Que Dieu soit avec vous ! J'ai fini. Donnez l'être
A de pareils enfants. Mieux vaut les adopter !
More, approche. Je vais, non sans le regretter,
Te donner celle-ci, que de toute mon âme
J'aurais voulu sauver et ne pas voir ta femme.
Heureux de rester seul.

A sa fille.

     Je sens trop tard le prix
Des rigueurs, ton départ me l'a trop bien appris !
Aux affaires d'État, seigneur !

LE DOGE.

                    C'est une injure
Qui peut se pardonner.

    BRABANTIO, *s'assied en grommelant.*

                    Seigneur, je vous conjure,
Aux affaires d'État! Verriez-vous d'un bon œil
Le Turc vous prendre Chypre? Hélas! un noble orgueil
Souffre d'un froid avis donné dans la misère.
Les conseils ne sont pas moins pesants pour un père
Que ne l'est sa douleur. Les consolations,
Les maximes qu'on jette à nos afflictions,
Appareil à tout mal, baume à toute blessure,
N'ont jamais du chagrin adouci la morsure;
Que le cœur brisé saigne et guérisse en repos,
Et non par des discours, mots nuls, vides propos!
Aux affaires d'Etat!

            LE DOGE.

                Une importante place
Peut nous être enlevée, et le Turc la menace;
C'est ce qui nous occupe. Othello, vous savez
Que Chypre a des remparts faibles, mal préservés,
Sans vaisseaux. A l'armer que tout votre art s'applique.
L'île a de bons chefs; mais l'opinion publique,
Souveraine maîtresse en ces événements,
Vous a nommé d'après nos communs sentiments.

            OTHELLO.

Magnifiques seigneurs, depuis longues années,
L'habitude, qui peut tout sur nos destinées,
M'a fait trouver partout, dans les camps et sur mer,
Un sommeil de soldat, aussi dur que le fer.

A votre ordre, je sens l'ardeur de ma jeunesse.
Renaissent les travaux ! que le péril renaisse !
J'entreprends votre guerre et ne demande rien
Qu'un sort digne du rang de ma femme et du mien.

LE DOGE.

Elle peut, s'il vous plait, demeurer chez son père.

BRABANTIO.

Je ne veux pas.

OTHELLO.

Ni moi.

DESDEMONA.

      Ni moi, seigneur. J'espère
Obtenir de vous tous la faveur de choisir.
Je ne goûterais pas le pénible loisir
D'habiter chez mon père et dans une demeure
Où d'amers souvenirs renaîtraient à toute heure.
Les orages du sort que j'ai couru chercher
Ont bien assez prouvé qu'Othello m'était cher.
Mais qu'ai-je aimé dans lui ? Sa grandeur valeureuse,
Sa gloire ; aussi, seigneurs, je serai moins heureuse
Si l'on doit me ravir l'aspect victorieux
Des honneurs dont l'éclat est l'amour de mes yeux ;
Étant vouée à lui, je le suis à la guerre ;
Je me sens courageuse autant qu'il me rend fière,
Et rester, c'est languir dans un pesant ennui.

En saluant profondément.

Seigneurs, permettez-moi de partir avec lui.

OTHELLO.

Allez aux voix, seigneurs, sur sa simple demande ;

Je viens m'y joindre, afin que le sénat s'y rende,
Non dans un intérêt d'amour, mais pour montrer
Que dans tous ses désirs son mari veut entrer.
Je n'en suis pas moins tout aux ordres de Venise.

LE DOGE.

Elle vous charge seul d'une vaste entreprise :
Que Desdemona reste ou s'embarque avec vous,
Décidez-le et partez ; il est urgent pour nous
Que ce soit cette nuit.

DESDEMONA.

Cette nuit !

LE DOGE.

Oui.

OTHELLO.

N'importe !
Que votre volonté sur notre amour l'emporte ;
Je pars. Un officier plein d'honneur et de foi,
Yago, l'amènera quelques jours après moi.

LE DOGE.

Je suis content.

A Brabantio.

Pour vous, seigneur, veuillez m'entendre.
Vous pouvez, sans faiblesse, à tant d'amour vous rendre.
Car, si la vertu seule est belle, en vérité,
Rien n'est à votre fille comparable en beauté.

Il se lève pour sortir avec le sénat.

BRABANTIO.

More, veille sur elle avec un œil sévère ;

Elle peut te tromper, ayant trompé son père.
>> *Il sort avec tous les sénateurs.*

OTHELLO.

J'engagerais ma vie à l'instant sur sa foi.
> *A Desdemona.*

Viens, je n'ai plus qu'une heure à passer avec toi.

SCÈNE X

RODRIGO, YAGO.

RODRIGO.

Yago!

YAGO.

Quoi?

RODRIGO.

Savez-vous le coup que je médite?

YAGO.

D'aller au lit dormir?

RODRIGO.

>> Mon âme soit maudite,

Si je ne vais demain me noyer!

YAGO.

>> Croyez-moi,

Vous serez moins aimable ensuite. — Mais pourquoi
Vous noyer?

RODRIGO.

C'est que vivre est une maladie
Dont le seul médecin est une main hardie.

YAGO.

O lâche! sur ce monde et sous ces larges cieux,
Depuis cinq fois sept ans je promène mes yeux,
Et je n'ai pas encore résolu ce problême,
De trouver un mortel qui sût s'aimer soi-même.
Si jamais une femme a causé mon trépas,
J'approuve de grand cœur qu'on ne m'enterre pas.

RODRIGO.

Que faire? Je rougis d'être épris de la sorte;
Mais j'ai beau l'exciter, ma vertu n'est pas forte.

YAGO.

La vertu! mot oiseux. C'est de soi qu'on dépend,
Comme un sillon du grain que la main y répand.
Nous récoltons ainsi l'orge pure ou l'ivraie.
Écoutez, Rodrigo, ma parole est la vraie.
Ce que vous appelez amour n'existe pas;
C'est un bouillonnement du sang impur et bas
Qui nous emporterait jusques à la démence,
Sans la volonté. — Là, notre règne commence.
Soyons hommes. — Devant une femme ployer!
S'arracher les cheveux et pleurer! se noyer!
Ce sont de jeunes chats aveugles que l'on noie.
Mais vous! levez la tête; allons que je vous voie
Agir en gentilhomme. Emportez de l'argent,
Embarquez-vous; un temps de guerre est exigeant.
Je le répète encor : de l'argent dans la bourse.
Avant peu vous verrez se tarir dans sa source

Leur grande passion. Un violent début
Se ralentit; bientôt vous atteindrez le but.
Mais de l'argent! — L'amour d'un More est très frivole,
Et sa flamme brûlante au bout d'un mois s'envole.
Pour sa femme, elle est jeune; elle devra changer,
Elle le doit. Un fou peut donc seul s'affliger.
Vous voulez vous damner? Du moins, allez au diable
Plus gaiment que par eau. L'enfer est supportable
Quand on a fait son coup. — Mais de l'argent! — Allez.
Déshonorez, trompez, désolez, accablez
Le noir hideux. Je vois que tout dans cette proie
Sera bonheur pour vous, pour moi vengeance et joie;
Mais cherchez de l'argent! Donnez-moi votre main,
Jurez-moi de vivre.

RODRIGO.

Oui.

YAGO.

De partir.

RODRIGO.

Oui.

YAGO.

Demain.

RODRIGO.

Oui, je vendrai mes biens; j'y vais.

YAGO.

Plus de noyade!

RODRIGO.

Non; à demain.

YAGO.

Surtout de l'argent, camarade !

Rodrigo sort.

SCÈNE XI

YAGO, *seul, avec l'expression d'une haine sombre et profonde.*

C'est ainsi que je prends dans mon vaste filet
La dupe qui m'écoute, et l'emporte où me plaît.
Et ne serais-je pas coupable et sans excuse,
Si je perdais mon temps, sans employer la ruse
Et sans le fasciner par quelque adroit conseil,
A bavarder une heure avec un sot pareil ?
Je hais le More. On dit partout que, sans scrupule,
Il m'a stigmatisé d'un affront ridicule :
J'ignore si c'est vrai ; mais pour ce fait obscur
J'agirai comme si j'en avais été sûr.
Son estime, je l'ai ; c'est un grand point. La place
De Cassio me convient ; double sujet d'audace !
Il faut la conquérir ; mais comment ? — Quoi ! comment ?
Je suppose à sa femme un secret sentiment,
Certaine privauté par moi souvent surprise,
Entre elle et ce Cassio, dont je la dis éprise.
J'ai conçu mon projet ; qu'il mûrisse ce fruit
Aux flammes de l'enfer, aux ombres de la nuit !...

ACTE DEUXIÈME

DANS L'ILE DE CHYPRE

Une plate-forme d'où l'on découvre la mer et le port. A gauche de la scène, un promontoire et la citadelle ; à droite, un corps de garde. Un violent orage gronde et agite les flots. Le soleil s'abaisse large, rouge et coupé de nuages noirs. Le peuple de Chypre est groupé sur le rivage avec les matelots *.

SCÈNE PREMIÈRE

MONTANO *et* DEUX OFFICIERS.

MONTANO.

De la pointe du cap, que voyez-vous en mer ?

* Si les théâtres où l'on jouera ceci n'ont pas de décors assez parfaits pour exécuter de point en point cette description et montrer une mer furieuse, il sera mieux de faire cette coupure à la page suivante :

MONTANO.
                              Je crois
Que jamais vents du nord si fougueux et si froids
N'ont sur nous déchaîné les orages du pôle.

SECOND OFFICIER.
Voyez, l'onde a brisé les trois chaînes du môle.

PREMIER OFFICIER.

Rien encor; — rien. Je vois les vagues écumer
Et s'élever si haut, si haut qu'entre les nues
Et ces eaux qui me sont depuis longtemps connues,
Je ne puis signaler une voile.

MONTANO.

      Je crois
Que jamais vents du nord si fougueux et si froids
Ne vinrent ébranler nos remparts; si la terre
De ce vaste ouragan est ainsi tributaire,
Quels flancs de bois tiendront sur nos bords dangereux
Quand des montagnes d'eau s'iront briser sur eux?
Que va-t-il arriver?

SECOND OFFICIER.

      Que l'escadre ottomane
Va se perdre. Voyez ce nuage qui plane,
Et ce peuple de flots qui semble l'assiéger;
Avancez: voyez-vous ces lames se plonger
Dans un immense abîme; et bientôt, dans leur course,
Escalader au ciel les sept flammes de l'Ourse,
Redescendre et soudain se relever encor
Pour éteindre l'éclat de ces étoiles d'or.
Immobiles gardiens placés autour du pôle,
Voyez! l'onde a brisé les trois chaînes du pôle:
C'est un temps sans exemple!

MONTANO.

      Oui, les Turcs ont péri
S'ils n'ont pas su trouver quelque rade à l'abri.

TROISIÈME OFFICIER, *qui entre.*

Des nouvelles! seigneur! La campagne est finie,
La tempête effrénée, à nos armes unie,
A renversé les Turcs, leurs vaisseaux, leurs projets;
Janissaires, vizirs, et princes et sujets,
Ils sont tous dans la mer avec leur entreprise;
Et nous l'avons appris d'un vaisseau de Venise.

MONTANO.

Dites-vous vrai?

TROISIÈME OFFICIER.

Tenez, on peut le voir d'ici,
Ce beau navire! à l'ancre, en rade, le voici!
Bâtiment de Vérone assez fort; il débarque
Un équipage armé dans lequel on remarque
Michel Cassio, qu'on dit être le lieutenant
D'Othello, qui lui-même est en mer maintenant;
Car, si nous en croyons ce qu'on ajoute encore,
Chypre pour gouverneur aura l'illustre More.

MONTANO.

Tant mieux! il en est digne.

TROISIÈME OFFICIER.

Ah! ce même officier,
Qui du malheur des Turcs triomphe le premier,
Paraît triste et rêveur, se tourmente et répète
Qu'Othello reste en mer en proie à la tempête.

MONTANO.

Que le ciel le préserve et lui soit en appui!
Je le connais, je l'aime, ayant servi sous lui;

Car c'est en vrai soldat qu'il commande ses hommes.
Mais avançons plus loin sur la plage où nous sommes ;
Peut-être les marins du navire ont raison ;
Cherchons à voir ce brave au bout de l'horizon.

PREMIER OFFICIER.

La voile peut paraitre aux lueurs de l'aurore.

SCÈNE II

Les Mêmes ; CASSIO, *qui vient de débarquer.*

CASSIO, *enveloppé d'un manteau mouillé de pluie.*

Grâce au noble officier qui parle ainsi du More !
Il salue Montano, qui lui donne la main.
Puisse-t-il échapper au choc des éléments !
Notre métier, messieurs, a de cruels moments.
Je l'ai perdu sur mer.

MONTANO.

A-t-il un bon navire ?

CASSIO.

Vous avez des récifs où le meilleur chavire ;
Mais le sien est très bon, son pilote est savant
Et dans les eaux de Chypre a navigué souvent ;
Aussi, j'espère encore.

DES VOIX, *dehors.*

Une voile! une voile!

CASSIO.

J'ai peut-être bien fait de croire à son étoile.

PREMIER OFFICIER.

La ville est désertée, et tous les habitants
Signalent à grands cris la voile en même temps;
On dit qu'elle a déjà doublé la grande roche;
Le canon va tirer bientôt à son approche.

CASSIO.

Il me semble d'avance y voir le gouverneur!
On tire!

Le canon tire.

PREMIER OFFICIER.

Entendez-vous, c'est la salve d'honneur,
J'y cours.

L'officier sort.

SCÈNE III

CASSIO, MONTANO.

MONTANO.

Mais, dites-moi, vient-il seul, sans sa femme?
On le dit marié.

CASSIO.

Sans doute, et sur mon âme
Il a conquis un ange, au-dessus mille fois
Des portraits, des récits : vous les trouveriez froids
En la voyant ; elle est parfaite en toute chose ;
De toutes les vertus sa vertu se compose ;
Il l'amène avec lui dans Chypre.

A l'officier qui revient.

Eh bien, sait-on
Qui vient de prendre terre ?

L'OFFICIER.

Un officier : son nom
Est Yago ; son métier, marin ; son grade, enseigne.

CASSIO.

Il ne mérite pas, celui-là, qu'on le plaigne,
Il est toujours heureux ! — Ainsi tous les dangers,
Les tempêtes, les flots, les écueils étrangers
Et les sables couverts, dont l'embûche puissante
Épie à son passage une nef innocente,
Tous enchantés, séduits, émus par la beauté,
Ont laissé dans leur sein passer en sûreté
Desdemona.

MONTANO.

Qui donc ?

CASSIO.

Eh ! c'est la souveraine
De ce grand général, car il la traite en reine.
Yago l'a sous sa garde, et fait bien son devoir.
Leur arrivée ici devance notre espoir ;

Sept jours de traversée avec un tel orage!

Se retournant vers la croix du port.

Grand Dieu! préserve encore Othello de sa rage,
Donne à sa voile un peu de ton souffle puissant!

SCÈNE IV

Le canot du navire aborde. Il en descend DESDE-
MONA, ÉMILIA, YAGO, RODRIGO,
DES FEMMES, DES SERVITEURS.

CASSIO.

Voici Desdemona. Voyez. Elle descend;
Habitants, fléchissez le genou devant elle.
Notre dame, salut! la faveur immortelle
A votre jeune vie a donné du secours!
Puisse-t-elle de même assurer tout son cours!

DESDEMONA.

Merci, brave Cassio! mais ne pourrai-je apprendre
Quand mon prince et seigneur à Chypre doit se rendre?

CASSIO.

Il vient, madame, il vient; bientôt vous le verrez.

DESDEMONA.

Hélas! je crains pourtant... Vous fûtes séparés,
Quel jour?

CASSIO.

Depuis hier par ce terrible orage ;
Mais il semble à présent calmé. Prenez courage.
Le canon...
Le canon tire.

LES VOIX, *au loin.*

Un navire ! un navire !
On entend le canon longtemps.

PREMIER OFFICIER.

A présent,
C'est encore un ami qui salue en passant
Et fait les trois signaux devant la citadelle.

CASSIO.

Voyez-le pour madame, et revenez près d'elle.
L'officier sort.

A Yago.

Cher enseigne, soyez notre convive ici,
Et bienvenu de tous.

A Émilia.

Et vous, madame, aussi,
Souffrez ce libre accueil d'un marin.
Il lui donne la main.

YAGO, *brusquement.*

Sur mon âme,
Vous pouvez librement causer avec ma femme ;
Vous en aurez assez, comme moi, dans un jour.

CASSIO, *à Desdemona, qui fait un geste d'étonnement.*
C'est un soldat meilleur sur la mer qu'à la cour ;
Il faut lui pardonner.

ÉMILIA, *en riant, à Yago.*

Sans qu'on vous interroge,
Vous vous chargez bientôt de faire mon éloge.

Elle suit Desdemona, qui fait quelques pas vers le port en donnant la main à Cassio.

YAGO, *sur le devant de la scène et les observant.*

Il lui prend les mains,... bon ! et lui parle bas,... bien !
Le papillon s'attrape au plus faible lien ;
Dans celui-ci, Cassio, je te prends avec elle !
C'est cela. Parle-lui, souris bien à ta belle.
Tu seras dégradé pour ces fadaises-là.
Un baiser sur tes doigts,... bien, bravo ! c'est cela !
Pour que ta main le rende à sa main qu'elle touche,
Puissent tous ces baisers empoisonner ta bouche !

On entend une trompette.

Voici le More. Ah ! ah ! sa trompette !

CASSIO.

Allons tous !
C'est lui-même !

DESDEMONA.

O bonheur !

CASSIO.

Il s'avance vers nous.

DESDEMONA.

Je veux que ce soit moi qu'il trouve la première.
Le voici, je le vois.

SCÈNE V

LES MÊMES, OTHELLO; *il entre avec sa suite et embrasse Desdemona.*

OTHELLO.

O ma belle guerrière !

DESDEMONA.

Mon Othello !

OTHELLO.

Ma femme ! ô ma jeune beauté !
O délice et repos de mon cœur tourmenté !
Que le son de ta voix est doux à mon oreille !
Aux sifflements des airs que la mort se réveille,
Que ma barque se livre encore aux flots puissants,
Si mon jour doit venir, qu'il vienne, j'y consens ;
Car jamais, quel que soit ton cours, ô destinée !
Une telle heure encor ne me sera donnée.

DESDEMONA.

Puisse-t-elle renaître, et puissent nos amours
S'accroître encore avec le nombre de vos jours !

YAGO, *à part.*

Charmant duo ! la harpe au théorbe s'accorde !
Mais de leurs instruments je briserai la corde.

OTHELLO.

Venez donc, allons voir la citadelle. Amis,
A d'autres temps pour nous les combats sont remis.
Les Turcs sont détruits.

A Desdemona.

Vous, croyez, ma bien-aimée,
Que Chypre est un pays dont vous serez charmée;
Les habitants sont bons et m'aimaient autrefois;
Ils vont idolâtrer la beauté de mon choix...
Mais je parle toujours. Dans mes yeux, ils vont lire
Que l'excès du bonheur me cause un vrai délire;
Entrons...

Othello et Desdemona se dirigent avec leur suite vers la citadelle. Les habitants se retirent; il ne reste qu'une sentinelle devant le corps de garde, placé à droite de la scène. La citadelle est en face, à gauche.

SCÈNE VI

YAGO, RODRIGO.

YAGO.

Vous êtes brave. Écoutez-moi, mon cher,
Il faut venir au port, cette nuit, me chercher,
Et sur Desdemona vous en saurez de belles!
Vous, jeune débutant qui croyez aux rebelles,
Que direz-vous si tout vous prouve maintenant
Qu'elle est, sans le cacher, folle du lieutenant?

RODRIGO.

De Cassio ? Je ne puis croire cela !

YAGO.

       Silence !
Laissez-vous éclairer. On sait la violence
Sans borne avec laquelle Othello fut aimé ;
Le cœur de cette femme en un jour fut charmé ;
Charmé de quoi ? d'un conte à dormir, d'une histoire
De voyages, qu'elle eut la sottise de croire.
Pour ces fables en l'air, pensez-vous bonnement
Que la Desdemona l'aime éternellement ?
Point du tout : pour la belle il faut tout autre chose :
Un bonheur plus réel, moins froid, qui se compose
De mieux que d'admirer le teint d'un homme noir.
Quel plaisir pensez-vous que l'on éprouve à voir
Le diable ? Ah ! croyez-moi, quand de l'adolescence
L'amour dans une femme usa l'effervescence,
Pour rendre quelque flamme à la satiété
Il faudrait des rapports dans l'âge et la beauté,
Dans les goûts enfantins qu'elle conserve encore ;
Et c'est là justement tout ce qui manque au More.
Cherchons donc qui pourrait lui donner tout cela :
Cassio,... car tout exprès le Ciel l'a placé là
Pour attraper au vol cette bonne fortune.
Adresse, or, il a tout ! de conscience, aucune,
Ou bien pour les dehors, juste ce qu'il en faut
Pour mettre, par son air, les jaloux en défaut.
Beau, jeune et délié, tendre, plaisant et leste,
Rusé comme un démon, méchant comme la peste ;
Aussi la belle en tient et le connaît à fond.

RODRIGO.

Oh ! que dites-vous là ? Tout Venise répond
De sa haute vertu.

YAGO.

Vertu ? Fausse monnaie !
Ils n'ont pas comme moi mis le doigt sur la plaie.
N'avez-vous donc pas vu tout à l'heure sa main
Dans celle de Cassio.

RODRIGO.
Oui.

YAGO.

C'était le chemin
D'un bonheur rapproché, mystérieux prélude
A la conclusion que personne n'élude ;
Dénoûment bien certain, qu'on pourrait se charger
De prévenir. — Laissez Yago vous diriger.
L'entreprise à présent peut être décisive,
Et Cassio répondra de tout, quoi qu'il arrive.
Je vous ai fait venir (et ce n'est pas pour rien)
De Venise, et je veux vous amener à bien.
Veillez toute la nuit ; voici votre consigne :
Sitôt que vous verrez ma main faire ce signe,
Quand nous rencontrerons Cassio, suivez ses pas ;
Tâchez de l'irriter, il ne vous connait pas ;
Discipline ou rang, tout peut être votre texte :
Il vous en fournira lui-même le prétexte ;
A se mettre en colère il ne sera pas lent.

RODRIGO.

Bien ! soit ! c'est bon ! c'est dit !

YAGO.

>Il est né violent ;
S'il vous frappe, aussitôt j'exciterai dans l'île
Une émeute à troubler tout le port et la ville ;
Il voudra l'apaiser, il y succombera.
Dès lors le seul rival pour vous disparaîtra.
C'est le bon moyen.

RODRIGO.

>Moi, je trouve la pensée
Excellente, très sûre, et l'action aisée.

YAGO.

Je vous la garantis. Dans un moment, venez
Me rejoindre au château ; les ordres sont donnés
Pour le débarquement.

RODRIGO.

>Que je vous remercie !
Adieu.

Il sort.

SCÈNE VII

YAGO, *seul.*

Va-t'en rêver à ton amour transie,
Fat ridicule !... Et nous, rêvons à nos projets !

Oui! qu'elle aime Cassio! Tous les mauvais sujets
Étant leurs favoris, je le croirai sans peine.
Le More, quoiqu'il soit l'objet seul de ma haine,
Possède une âme noble, aimante; il se pourrait
Qu'il fût un mari tel, au fond, qu'il le paraît.
Eh bien, j'aime la belle aussi; mais ma tendresse
N'est pas comme la leur, car ce qui m'intéresse,
Ce qui m'entraîne, moi, c'est l'attrait seul du mal,
Le besoin de punir ce monstre oriental,
Que je soupçonne fort d'avoir séduit ma femme.
Cette pensée horrible empoisonne mon âme,
Me dessèche le cœur, me dévore le sein ;
Rien ne peut me guérir, à moins que mon dessein
Ne s'accomplisse : il faut que de lui je me venge
Sur sa femme, et je veux que ce soit par l'échange.
Il marchera de pair avec Yago, sinon
Je le rendrai jaloux à perdre la raison.
Afin que le gibier cède à notre poursuite,
Employons Rodrigo, que je mène à ma suite :
C'est un traqueur ardent qui battra bien le bois ;
Bientôt, Michel Cassio, vous êtes aux abois,
Et le More abusé me donne votre place.
Conduisant ses fureurs avec un front de glace,
Je l'amène à chercher, récompenser, chérir
Celui qui le rendra triste au point d'en mourir,
Au point de déchirer ses entrailles de More.

Ridant son front.

Tout est ici ; mais tout est bien confus encore.
Pensons. Que mon projet, médité sagement,
Ne se dévoile pas avant le dénoûment.

Il sort.

SCÈNE VIII

Entre UN HÉRAUT *tenant une proclamation;* LE
PEUPLE *le suit en traversant la scène, de la citadelle au corps de garde. En même temps,* OTHELLO,
suivi de SES OFFICIERS, *sort du château et va
donner ses ordres sur la rive, et disparaît un moment
derrière le corps de garde; après la proclamation, il
revient.*

LE HÉRAUT *lit.*

D'après le bon plaisir d'Othello, toute l'île,
Les forts et le château, les remparts et la ville
Seront illuminés; on placera des feux
Sur chaque toit. Ce soir, on permet tous les jeux.
Chacun peut prolonger la fête en sa demeure
Depuis ce moment-ci jusqu'à la douzième heure.
Le noble général sait et vous fait savoir
Le naufrage des Turcs. Il s'attend à vous voir
Célébrer dignement cette grande journée,
Ce coup du Ciel par où la guerre est terminée;
Son mariage ajoute au bonheur général.
Que Dieu défende Chypre et le noble amiral!

Acclamation. Il sort, suivi du peuple.

SCÈNE IX
OTHELLO, CASSIO.

OTHELLO, *passant au fond du théâtre, suivi du même état-major avec lequel il a visité la jetée et les forts, en donnant des ordres pour l'armement du port de Chypre, et rentrant dans la citadelle.*

Le repos de la nuit, cher Cassio, vous regarde;
Allez placer vous-même et surveiller la garde.
Donnons aux habitants l'exemple rigoureux
De l'ordre le plus strict, pour l'escadre et pour eux.

CASSIO.

Général, mon enseigne a déjà la consigne.
C'est Yago.

OTHELLO.

Qu'il vous aide à tout, il en est digne;
Bonsoir. Demain matin, venez à mon réveil.

Il entre dans la citadelle.

SCÈNE X
CASSIO, YAGO, *qui entre.*

La nuit vient pendant cette scène.

CASSIO.

Allons, Yago, voici le coucher du soleil.
Au corps de garde!

YAGO.

Oh! oh! lieutenant, pas encore ;
Je ne suis pas pressé comme l'illustre More ;
Desdemona l'attend, et l'on peut concevoir
Que sans peine, avant l'heure, il nous quitte ce soir.

CASSIO.

Oui, certe, elle me semble une femme accomplie.

YAGO.

J'en suis sûr, lieutenant, vous la trouvez jolie !

CASSIO, *avec froideur*.

Très bien !

YAGO.

Vous aimeriez une Desdemona,
N'est-ce pas ? Quel air tendre, ardent ! quel œil elle a !

CASSIO, *avec réserve*.

Un œil tendre et pourtant un regard très modeste.

YAGO.

Allons, c'est bien ! qu'ils soient heureux là-haut. Du rest
J'ai deux flacons de vin, avec deux bons amis,
Qui nous empêcheront de rester endormis.
Si vous voulez...

CASSIO.

Non, pas ce soir. Je le confesse,
Ma tête à ce jeu-là n'apporte que faiblesse,
Et, depuis que je sers, j'ai toujours regretté
Qu'un plaisir moins bruyant ne put être inventé.

YAGO.

Un verre seulement pour leur être agréable,
Et puis, si vous voulez, vous quitterez la table.

CASSIO.

Non; pour un verre seul d'un vin très affaibli,
Je suis déjà troublé. Je mettrais en oubli
Mes devoirs. J'en craindrais quelque funeste suite.

YAGO.

Vous, soldat! d'un enfant aurez-vous la conduite?
Dans un soir de plaisir!...

CASSIO.

    Eh bien, où sont-ils?

YAGO.

           Là.

CASSIO.

Allons-y donc! Pourtant je n'aime pas cela.
Il entre au corps de garde.

YAGO, *seul*.

Si je puis l'amener à se verser rasade,
Il ne tardera pas à faire une algarade.
Rodrigo, d'autre part, que l'amour rend plus sot
Qu'il ne fut en naissant, va s'enivrer bientôt,
Car je l'ai laissé là buvant à sa maîtresse.
J'ai tant fait circuler la bouteille traîtresse,
Que trois braves de Chypre au cœur fier et hautain
Sont de garde et vont se battre jusqu'au matin.

Maintenant, au milieu du troupeau sans vergogne,
Je vais lancer Cassio comme un cinquième ivrogne. —
Ils reviennent; s'ils font tout ce que j'ai rêvé,
Ma barque voguera seule, et je suis sauvé.

SCÈNE XI

YAGO; *rentrent* CASSIO *et* MONTANO, *avec* d'AUTRES OFFICIERS *sortant du corps de garde.*

CASSIO.

Par le Ciel! ils m'ont tous versé de larges pintes!

MONTANO.

Bien peu, foi de soldat; lieutenant, pas de plaintes.

YAGO.

Holà! du vin! chantons! apportez-moi du vin.

Il chante en versant à boire à Cassio, et lui passe un verre plein; il le reçoit d'un homme placé à sa gauche.

Le bon Étienne,
Que Dieu soutienne,
Fut un grand roi,
Un bien digne homme,
Plus économe
Que toi ni moi.
Son manteau jaune

… Coûtait par aune
Un sou tournoi :
Toi, petit page
De bas étage
Qui fais tapage,
Le vaux-tu, toi ?
Ta vieille veste
Est plus modeste
Qu'un habit leste
Mets-la, crois-moi.
Fuis comme peste
L'orgueil funeste,
Sois doux et preste,
Ses, verse et bois.

CASSIO.

Par la terre et le ciel ! c'est un couplet divin.

YAGO, *riant*.

Vous êtes bien poli. Ce fut en Angleterre
Que je l'appris ; ce peuple a le vieux caractère
Du solide buveur.

CASSIO.

Répétez-le. Non, non !
Qui fait ceci devient la honte de son nom.
Le ciel domine tout ; les hommes et les femmes
Seront jugés ensemble, et vous verrez des âmes
Qui monteront au ciel, d'autres qui descendront.

Yago lui fait passer des verres pleins sans qu'il s'en aperçoive.

YAGO.

C'est une vérité.

CASSIO.

Sans vouloir faire affront
A mes chefs, je serai sauvé.

YAGO.

J'ai l'espérance
De l'être aussi.

CASSIO.

C'est bon, soit ; mais la lieutenance
Passe avant vous, ainsi n'en parlons plus. Que Dieu
Pardonne nos péchés ! Je ne vais qu'en bon lieu.
Parbleu ! ne croyez pas, messieurs, que je sois ivre.

En montrant Montano.

Ceci, c'est mon enseigne ; et d'ailleurs je sais vivre.
Je marche bien !

Les officiers rient.

TOUS, *riant.*

Très-bien.

CASSIO.

Je ne chancelle pas.

TOUS, *riant.*

Non, non !

CASSIO.

J'irais tout droit pendant cinquante pas.

Il sort.

SCÈNE XII
YAGO, MONTANO.

YAGO, *à Montano, montrant Cassio qui s'en va.*

Eh bien, cet officier a bonne renommée ;
Ce serait un César pour guider une armée.
Mais ce vice odieux, très malheureusement,
Balance sa vertu non moins exactement
Que les nuits d'équinoxe, aux célestes demeures,
Des grands jours de l'été ne balancent les heures.
Il est fâcheux de voir votre île à sa merci.

MONTANO.

J'y vois honte et danger. — Est-il souvent ainsi ?

YAGO.

De son sommeil, hélas ! c'est toujours le prélude,
Et le joug est si fort de sa triste habitude,
Qu'il ne pourrait dormir, par nos travaux lassé,
Si par l'ivresse encor son lit n'était bercé.

MONTANO.

Il faut en prévenir le général.

YAGO, *apercevant Rodrigo qui entre, court au-devant de lui et lui dit tout bas.*

De grâce
Suivez Cassio, courez, vous le voyez qui passe.

MONTANO, *poursuivant sans avoir entendu Yago parler à Rodrigo.*

Avertir Othello serait notre devoir.

YAGO.

Ce ne sera pas moi! j'aime mieux ne rien voir.
Cet officier m'est cher et je crois que ma tâche
Est de le conseiller. Mais que de bruit!

(*On entend crier:* Au secours! au secours! *et un cliquetis d'épées.*)

SCÈNE XIII

LES MÊMES, CASSIO *poursuivant* RODRIGO.

CASSIO.

Toi, lâche!
Toi, brigand!

MONTANO.

Qu'est-ce donc?

CASSIO.

Un drôle, sans façon!
Venir sur mon devoir me faire la leçon!
Je veux l'assommer!

RODRIGO.

Vous?

CASSIO, *à Montano, qui le retient et lutte longtemps avec lui pour l'empêcher de tirer son épée.*

Laissez-moi le poursuivre.

MONTANO.

Non.

CASSIO. *Il tire son épée.*

Laissez-moi, vous dis-je!

MONTANO.

Allez. Vous êtes ivre.

CASSIO. *Il attaque Montano; ils se battent.*

Ivre?

YAGO, *qui a tout observé à part, dit tout bas à Rodrigo.*

Sortez, courez, qu'on sonne le tocsin;
Appelez au secours, criez à l'assassin;
Parcourez toute l'ile et répandez l'alarme.

Rodrigo sort.

Haut.
Eh quoi! cher lieutenant, ensanglanter son arme!
Ici! Cher Montano! Messieurs! séparez-vous!
Au secours!

On entend la cloche.

Le tocsin! Grands dieux! où sommes-nous?
La ville se réveille!

SCÈNE XIV

Les Mêmes, OTHELLO *entre avec* sa Suite *et des flambeaux.*

OTHELLO.

Eh! qu'est-ce donc?

MONTANO, *continuant à se battre avec Cassio.*

Qu'il meure!
Mon sang coule. Brigand! Je suis blessé.

OTHELLO, *à Cassio.*

Demeure,
Sur ta vie!

YAGO, *courant de Montano à Cassio, par devant Othello, pour être remarqué.*

Arrêtez!... L'honneur!... Votre devoir!
Montano!... Lieutenant!... Voulez-vous émouvoir
L'île et le port?... Voyez!

OTHELLO, *impérieusement.*

Bas les armes!... Silence!
D'où naît donc ce désordre infâme en ma présence?
Êtes-vous, en dix jours de guerre et de travaux,
Des barbares sans lois devenus les rivaux?

Vous croyez-vous déjà des Turcs* ? Quoi ! des querelles
Comme on n'en voit jamais parmi les infidèles !
De par la sainte Croix ! séparez-vous, ou bien
Qui croisera le fer rencontrera le mien.
La ville, à ce tocsin, d'épouvante est glacée ;
Faites taire au plus tôt cette cloche insensée. —

Quelques soldats de la suite d'Othello se détachent et vont vers la ville en faisant signe de faire cesser le bruit des cloches. — Un moment de silence.

Que l'on m'explique tout. — Yago, plein de douleur,
Consterné, dites-moi votre tort ou le leur ;
Au nom de l'amitié, parlez-moi, je l'exige.

YAGO.

Hélas ! je ne sais rien, seigneur, c'est un prodige ;
Ils sont restés unis jusques à ce moment,
Comme une fiancée avec son jeune amant,
Dans la salle de garde et dans celle où nous sommes ;
Puis tout à coup j'ai vu se battre ces deux hommes.
J'en ignore la cause encore ; mais je sais
Que j'ai cru voir deux fous l'un sur l'autre élancés.

OTHELLO.

Cassio ! vous oublier ainsi !

CASSIO.

Faites-moi grâce !
Je ne saurais parler !

---

* *Are we turn'd Turks.*

Voici le mot vrai et simple, le trait de mœurs et de circonstance. Othello ne doit pas perdre une occasion d'inspirer à Chypre le mépris des Turcs.

OTHELLO.

Ce silence me lasse.
Vous, digne Montano, que l'on dit juste et bon,
Vous dont personne ici ne prononce le nom
Sans y joindre un éloge et dont la vie est pure,
Comment avez-vous pu perdre toute mesure
Et mériter le nom de batailleur de nuit?

MONTANO, *soutenu par deux soldats.*

Noble Othello, je suis blessé; je suis réduit
A garder malgré moi le plus profond silence.
Parler me fait souffrir. Lorsque la violence
Vient assaillir un homme et le frapper, il doit
Défendre sa personne et certe en a le droit.

OTHELLO, *avec une chaleur croissante.*

Ah! par le Ciel, mon sang se révolte et s'enflamme
Au point que la fureur va gouverner mon âme!
Si je lève le bras, le plus fier de vous trois
Pourra bien se sentir écrasé de son poids;
Je veux de tout ce bruit connaître l'origine;
J'en punirai l'auteur, je jure sa ruine,
Fussions-nous tous les deux sortis du même sein.
Quoi! réveiller au cri de meurtre et d'assassin
Une place de guerre agitée, une ville
Toute craintive et prête à l'émeute civile,
Au poste de la garde! au fort! c'est monstrueux!
Yago, qui commença? Nommez-le. Je le veux.

MONTANO.

Si par quelque amitié vous altérez la chose,
Vous n'êtes pas soldat.

YAGO.

                  Mon général, je n'ose
M'expliquer. Je voudrais dire la vérité,
Vous me serrez de près. Mais, d'un autre côté,
Je ne voudrais pas nuire à Cassio. Je préfère
Qu'on me rende muet. Pourtant voici l'affaire:
Comme avec Montano je causais : « Au secours ! »
Cria un homme en fuyant devant Cassio. Je cours
Pour empêcher ses cris ; mais il allait plus vite
Et m'échappe ; arrivant de ma vaine poursuite,
Je vois, l'épée en main, ce digne cavalier
Résister à Cassio sans rompre et sans plier,
Et Cassio le poussait en jurant (car il jure
A m'étonner). Je crois quelque grave injure
L'irritait. Montano pourtant n'avait voulu
Qu'apaiser notre ami, qui de coups l'a moulu.
C'est tout ce que je sais. Mais l'homme le plus sage
Est homme, général. Pour un geste, un outrage...

OTHELLO.

Yago, votre bon cœur et votre honnêteté
Veulent tout adoucir, mais tout est arrêté.
    A Cassio.
Je t'aimais bien, Cassio ; cependant, pour l'exemple,
Tu ne resteras pas mon officier. Contemple
Ton œuvre. Il n'a fallu que ce bruit alarmant
Pour tout faire accourir.

DESDEMONA, *avec des femmes sortant de la citadelle, couverte à la hâte d'un voile à la manière des femmes orientales, et d'un burnous.*

                  Mon ami, quel tourment !
Qu'est-il donc arrivé ?

OTHELLO.

Tout est fini, ma chère.
Calmez-vous.

A Montano.

Vous, seigneur, une seule prière :
Permettez que chez moi l'on vous fasse guérir.

A Yago.

Emmenez-le. Pour vous, il faudra parcourir
La ville et les remparts en rassurant la foule.

A Desdemona.

Chaque jour d'un soldat, de la sorte s'écoule.
Tu vois, le soir la paix, et la guerre au réveil.

Il rentre avec Desdemona et la suite.

SCÈNE XV

YAGO, CASSIO, *appuyé sur son épée.*

YAGO.

Quoi ! seriez-vous blessé ?

CASSIO.

Oui, mais un coup pareil
Est trop fort pour guérir par une main humaine !
Une profonde plaie, une incurable peine
M'accable.

YAGO.

Est-il possible ? Ah ! plaise au Ciel que non !
Ce n'est pas sérieux ?

CASSIO.

Ma réputation !
Ma réputation ! cette part immortelle
De moi-même, et la part autrefois la plus belle,
Finir en un instant, et dans une action !
J'ai perdu pour toujours ma réputation.

YAGO.

J'ai cru que vous aviez au corps quelque blessure ;
C'est là qu'une douleur est réelle et bien sûre.
La réputation n'est qu'un mot suborneur,
Souvent acquis sans droit, perdu sans déshonneur.
Au reste, on ne vous a rien ôté de la vôtre.
Cette rigueur du More, il l'aurait pour tout autre ;
Rigueur de discipline, et non d'inimitié,
Où le ressentiment n'entre pas pour moitié.
Il faudrait l'implorer.

CASSIO, *avec violence.*

Implorer l'infamie !
Plutôt que de tromper sa justice, endormie
Sur mes vices hideux une seconde fois,
Va, Cassio, mauvais chef, mauvais soldat, va, bois,
Divague, jure, et fais le rodomont, bavarde,
Avec l'ombre qui passe, en mots de corps de garde !
O vil esprit du vin ! si tu n'as pas de nom
Qui te désigne encor, je t'appelle démon.

YAGO.

Qui poursuiviez-vous donc ?

CASSIO.

Je ne sais.

YAGO.

                            Votre vue
Ne l'a pas distingué ?

CASSIO.

        Non ; l'attaque imprévue,
La querelle, et puis rien. Tout le reste à demi
Se peint dans ma mémoire. — Ah ! honteux ennemi
Que l'homme dans lui-même introduit avec joie,
Afin que sa raison en devienne la proie !

YAGO.

Eh ! vous voilà très bien ! Comment avez-vous fait ?

CASSIO.

Le démon de l'ivresse, amplement satisfait,
A celui de la rage abandonne mon âme ;
Car il est dit qu'en moi quelque faiblesse infâme
Prend la place de l'autre et me fait mépriser.

YAGO.

Allons, cher lieutenant, c'est trop moraliser !
Mieux vous vaudrait songer à nous tirer d'affaire.
Le général auquel il est urgent de plaire,
C'est la femme du More. Il adore à présent
Ses grâces, son esprit et son cœur bienfaisant ;
Allez lui confier librement votre peine ;
Je serai bien trompé si l'entreprise est vaine,
Et si sa main ne sait renouer entre vous
Les liens d'amitié brisés par son époux.

CASSIO.

Votre conseil est bon.

YAGO.

Et dicté par mon zèle
Pour vous.

CASSIO.

Je le vois bien.

YAGO.

Vous trouverez en elle
Une femme qui croit manquer à son devoir
Si sa bonté ne fait plus qu'on ne peut prévoir.

CASSIO.

Eh bien, je m'y résous, et, dans la matinée,
J'irai demain. Ce coup règle ma destinée,
J'en suis bien sûr.

YAGO.

Allez. Je prends congé de vous
Pour cette ronde.

CASSIO.

Honnête Yago! Séparons-nous.

SCÈNE XVI

YAGO, seul.

Les mains derrière le dos; satisfait de lui.

Eh bien, qui pourra dire à présent que je joue
Le rôle d'un trompeur? Voilà que je renoue

Une vieille amitié; rien n'est plus franc, plus vrai
Que mes conseils, sinon ceux que je donnerai;
Rien ne s'accorde mieux avec ce que je pense,
C'est une ruse au moins qu'un franc avis compense;
Car Desdemona seule a ce pouvoir entier
Qu'il faut pour obtenir grâce à cet officier.
Elle enjôle le More avec des fariboles;
De la rédemption abjurer les symboles,
Renoncer au baptême, au signe de la croix;
Il ferait tout pour elle. Elle a sur lui ces droits
Que sur un vieux soldat prend une jeune femme :
J'ai parlé franchement.—Enfer! lorsqu'une trame
Aux forges des démons se rougit et se tord,
D'une forme céleste ils la couvrent d'abord.
Je le fais maintenant. Que ce jeune homme honnête
Avec la jeune belle obtienne un tête-à-tête,
Dans l'oreille du More un soupçon les perdra :
Elle voudra la grâce, et, plus elle voudra,
Plus Othello sera jaloux de l'étourdie.
Ainsi, faible alouette au miroir engourdie,
Elle prendra son aile à mon piège, et la glu
Dont je veux me servir, ce sera sa vertu.

SCÈNE XVII

YAGO, RODRIGO.

YAGO.

Qu'avez-vous, Rodrigo?

RODRIGO, *irrité contre Yago.*

J'ai, qu'enfin je me lasse
De courir le pays comme un chien à la chasse.
Ma bourse est presque vide et j'ai reçu des coups.
Je crois bien qu'à Venise, et cela grâce à vous,
Je retournerai pauvre et plein d'expérience.

YAGO

Les pauvres gens sont ceux qui vont sans patience
A travers champs. Voyons, tout ne va-t-il pas bien ?
Chaque chose a son jour. Suis-je magicien ?
Il faut toujours du temps, lorsque l'esprit opère.
Cassio vous a frappé, c'est vrai ; mais, je l'espère,
Il reçoit à son tour un coup assez profond !
Les hommes tels que moi savent bien ce qu'ils font :
Nous agissons toujours par des causes majeures.
Mais comme le plaisir a fait passer les heures !
* La nuit est toute sombre.—Adieu.

RODRIGO.

Non.—Dès ce soir.
Il faudra s'expliquer.

*Au dernier monologue d'Yago, j'ai substitué pour la scène cette sortie plus vive, et qui convient mieux peut-être au besoin d'action qu'éprouve toujours un parterre français. Cependant j'ai mal fait, et c'est un mauvais exemple. Ce second acte finit froidement, il est vrai ; mais cette fin concourt à prouver combien Yago est maître des événements ; c'est un fil de trame qu'il est bon de laisser suivre au spectateur. Toutes les fois qu'un grand acteur croira que, dans le public qui l'écoutera, domineront les esprits patients, attentifs, qui savent suivre une forte combinaison, il fera bien de revenir à la première version. Ces petites scènes chaudes, dont on fait tant de cas ici, se trouvent tous les soirs au Vaudeville, et

YAGO.

Comme le ciel est noir! L'orage recommence.

RODRIGO.

Il faut...

YAGO.

Pas de querelle.

RODRIGO.

Compter...

YAGO.

Le général!...

sont faciles à écrire au crayon sur le genou pendant une répétition. En général, ce qu'il y a de mieux à faire, pour montrer ce que fut Shakespeare, c'est de prendre Shakespeare.

Voici sa version : *Two things are to be done*, etc., etc.

Mais comme le plaisir a fait passer les heures !
La nuit est toute sombre. Allez vite, et bientôt
Je vous dirai le reste. Adieu.

Rodrigo sort.

SCÈNE XVIII

YAGO

Va, jeune sot.
Deux choses à conduire à présent. Que ma femme
Prépare sa maîtresse, et pour Cassio l'entame,
Moi, j'emmène le More et le ramène après,
Pour les prendre tous deux quelque part, ici près.
C'est mon chemin. Marchons, et point de négligence.
Mon travail sans repos aura sa récompense.

RODRIGO.

L'argent...

YAGO.

La sentinelle!...
Si vous faites du bruit, on va nous arrêter.

RODRIGO.

Pardieu! je ne veux pas, cette nuit, vous quitter.

Il poursuit Yago.

ACTE TROISIÈME

Un appartement dans le palais.

SCÈNE PREMIÈRE
DESDEMONA, CASSIO, EMILIA.

DESDEMONA.

Soyez-en sûr, Cassio, malgré votre imprudence,
Il vous aime, il ignore une froide vengeance ;
Il est bon et loyal ; il reviendra vers vous.
Il en a le désir peut-être autant que nous.

CASSIO.

Mais sa sévérité, madame, se prolonge ;
Le temps s'écoulera sans qu'à ma grâce il songe.

DESDEMONA.

Ne le redoutez pas. Nous obtiendrons merci.
Devant Emilia, je vous le jure ici,
A moins qu'il ne me cède et qu'il ne s'adoucisse,
Ne vous tende la main en vous rendant justice,

Mon Othello, seigneur, n'aura plus de repos :
Je le tourmenterai pour vous à tout propos.
Je veux que votre nom lui soit inévitable,
Je le répéterai le jour, le soir, à table,
Jusques à l'irriter. Je serai sans pitié.
Je ne promets jamais en vain mon amitié.
Je m'engage avec vous. C'est une œuvre de femme,
Certaine. Reprenez la gaîté de votre âme.
Je vous réponds de lui.

EMILIA.

J'aperçois monseigneur.

DESDEMONA.

Voulez-vous lui parler ?

CASSIO.

Madame, j'aurais peur
De gâter votre ouvrage encor par ma présence.

DESDEMONA.

Eh bien, prenez conseil de votre prévoyance.

SCÈNE II

DESDEMONA, EMILIA, OTHELLO, YAGO.

YAGO, *entrant avec Othello, qui lit des papiers.*
Ah ! ceci me déplaît.

OTHELLO.

Que dis-tu là?

YAGO.

Moi? Rien.
Ai-je parlé? Vraiment je ne le sais pas bien.

OTHELLO.

N'est-ce pas ce Cassio qui sort de chez ma femme?

YAGO.

Oh! non, Seigneur, ayant encouru votre blâme,
Ayant à réparer beaucoup, son intérêt
Ne serait pas de fuir; sans doute il resterait.

OTHELLO.

Je crois que c'était lui cependant.

DESDEMONA, *rentrant avec Emilia.*

Tout à l'heure,
Mon ami, j'ai conduit hors de votre demeure
Un suppliant bien triste et dont le repentir
M'a touchée à tel point qu'il m'a fait consentir
A demander sa grâce. Une femme étrangère
Obtiendrait à l'instant cette faveur légère,
Rien qu'en disant son nom. Je le fais. Maintenant
Il faut me l'accorder : c'est ce bon lieutenant
Cassio; nous allons voir par là si votre femme
A quelque autorité, comme on croit, sur votre âme;
Si ce qu'on dit est vrai, vous le rappellerez.
C'est un homme d'honneur dont les sens égarés
Ont un moment peut-être altéré la prudence;

Mais moi, qui viens d'avoir ici sa confidence,
J'atteste qu'il vous aime et mérite un pardon.
Allons, mon chevalier, octroyez-moi ce don;
Rappelez-le.

OTHELLO.

Quelle est, dites-moi, la personne
Qui sort d'ici?

DESDEMONA.

C'est lui.

OTHELLO.

Lui?

DESDEMONA.

Cela vous étonne?
C'est lui-même; il venait, mais, hélas! si chagrin,
Si honteux, qu'il faudrait vraiment un cœur d'airain
Pour lui garder encor la plus légère haine.
Il me faisait pitié! j'ai souffert de sa peine.
Allons, mon bien-aimé, rappelle Cassio.

OTHELLO.

Non,
Pas encor, le moment pour cela n'est pas bon.

DESDEMONA.

Mais sera-ce bientôt?

OTHELLO.

Dès que j'en serai maître;
Pour vous; mais à présent cela ne pourrait être.

DESDEMONA.

Ce sera donc ce soir au souper?

OTHELLO.

      Pas ce soir.

DESDEMONA.

Demain donc au dîner?

OTHELLO.

     Non, vous venez de voir
Qu'au festin général la garnison m'invite.

DESDEMONA.

Ah! si ce n'est demain, que ce soit donc bien vite*.
Demain soir, ou mardi matin, ou vers midi,
Ou mardi soir, ou bien, au plus tard, mercredi
Dès le matin! Fixons le moment, je t'en prie,
Mais qu'il ne passe pas trois jours, ni ne varie.
Dis, quand reviendra-t-il? Je cherche vainement
En moi quelle promesse ou quel consentement
Je pourrais refuser à tes moindres instances.
Quoi! pas un mot encor? Si longtemps tu balances
Pour ce même Cassio qui venait autrefois
Chez mon père avec vous et vous prêtait sa voix,
Vous excusait toujours et le forçait d'entendre
Comme moi les raisons qui pouvaient vous défendre?

---

 * Why then, to-morow-night: or Tuesday morn:
 Or Tuesday noon, or night: or Wednesday morn
 I pray thee, name thee time; but let it not
 Exceed three days.

Car vous n'étiez pas sûr encor de mon amour,
Et l'on plaidait pour vous ; aujourd'hui c'est mon tour.
Pourtant à votre place...

OTHELLO.

Assez, je t'en supplie !
A tes moindres désirs ma volonté se plie,
Qu'il revienne aujourd'hui, quand il voudra.

DESDEMONA.

Mais quoi !
Ce n'est point un bienfait que j'accepte pour moi
Ni pour lui, c'est agir selon votre avantage ;
Comme si je venais, en voyant un orage,
Vous prier de rester, ou bien vous avertir
De prendre une fourrure et de vous mieux vêtir.
Oh ! lorsqu'il me faudra quelque réelle preuve
Qui fasse en vous briller l'amour par une épreuve,
Je l'inventerai grande et plus digne de nous,
Périlleuse peut-être, et difficile à vous ;
Je veux que cela soit vraiment un sacrifice.

OTHELLO.

Il n'est, pour t'obéir, rien que je n'accomplisse ;
Mais souffre qu'à mon tour je demande merci,
Et pour un peu de temps laisse-moi seul ici.

DESDEMONA.

Comment vous refuser ! vous m'avez apaisée,
Et toute obéissance à présent m'est aisée.
Mais songez à Cassio, souvent j'y reviendrai,
J'en parlerai toujours.

OTHELLO.

Va, va, j'y penserai.

DESDEMONA.

Eh bien, adieu !

OTHELLO.

Bientôt je te rejoins moi-même.

— — — — — — — — — — — — — — — —

SCÈNE III

OTHELLO, YAGO.

OTHELLO.

Me saisisse l'enfer s'il n'est vrai que je t'aime,
Créature adorable ! et que, si ton amour
Dans mon cœur embrasé pouvait s'éteindre un jour,
Le chaos en prendrait la place !

YAGO.

                  Eh bien, ne puis-je
Vous parler ?

OTHELLO.

Que veux-tu ?

YAGO.

                  Quelque chose m'afflige,
M'occupe malgré moi ; lorsqu'à Desdemona,

Vous demandiez ce cœur, qu'enfin on vous donna,
Cassio sut vos amours?

OTHELLO.

Oui, depuis leur naissance,
Jusqu'à notre union, il en eut connaissance.
Mais pourquoi demander ces détails?

YAGO.

Oh! sans but!
Mais je ne savais pas qu'alors il la connût.

OTHELLO.

Beaucoup, et très souvent l'entretien le plus tendre
L'admit en tiers; il put nous voir et nous entendre.

YAGO.

Vraiment?

OTHELLO.

Vraiment, doit-on douter de sa vertu?

YAGO.

La vertu de Cassio?

OTHELLO.

Mais oui! qu'en penses-tu?

YAGO.

Ce que j'en pense?

OTHELLO.

Oui! oui! j'ai dit: ce que tu penses?
Par le ciel! quel secret, quelles noires offenses,

Quel soupçon monstrueux dans son cœur est entré,
Si hideux, qu'il ne puisse au jour être montré?
Il hésite! il se fait l'écho de mes paroles.
Tes réponses, Yago, ne sont jamais frivoles :
Je te connais, dis-moi le soupçon qui te prit
A l'instant sur Cassio. Qu'avais-tu dans l'esprit
En me disant : *Ceci me déplaît?* Quelle chose
Te déplaisait? Ton front se ride et se compose :
Si tu m'es attaché, qu'enferme-t-il, dis-moi?

YAGO.

Je vous aime beaucoup, monseigneur.

OTHELLO.

Je le crois,
Et c'est une raison de craindre davantage.
Ces silences fréquents qui coupent ton langage,
Ces soupçons retenus ou formés à demi,
Ne m'étonneraient pas venant d'un ennemi;
Mais, en toi, ce combat des cris et du silence,
C'est l'indignation qui se fait violence.

YAGO.

Plût à Dieu que toujours les hommes fussent tels
Qu'ils semblent! ou, du moins, puissent tous les mortels
Paraître avec des traits qui découvrent leurs âmes!

OTHELLO.

Et quels sont, dis-le donc, ces hommes que tu blâmes?

YAGO.

Ah! ce n'est point Cassio, je le crois plein d'honneur.

OTHELLO.

Que cache tout cela ? Parle-moi.

YAGO.

Non, seigneur,
Excusez-moi. Malgré ma grande obéissance,
Sur la face du globe il n'est pas de puissance
Faite pour me forcer d'exprimer hautement
Les motifs inconnus d'un secret sentiment.
De la discrétion rompre ainsi les entraves !
On ne l'exige pas, même de ses esclaves !
Et, d'ailleurs, qui vous dit que ce grave soupçon
Soit légitime et juste en aucune façon ?
Hélas ! dans quel plaisir n'entre une chose impure !
Et quel homme à ce point de lui-même s'assure
Qu'il puisse dans son cœur toujours se dégager
Des pensers hasardeux qui viennent l'assiéger ?
C'est, je vous l'avouerai, mon vice et ma faiblesse
De soupçonner le mal quand le dehors me blesse,
Et j'invente des torts. Tenez, de bonne foi,
Je vous en avertis, méfiez-vous de moi.
Il ne serait pas bon, pour mon bien, pour le vôtre,
D'en parler plus longtemps ; ménageons l'un et l'autre.
Mon honneur, mon état, tout serait engagé
Si mon secret par vous devenait partagé.

OTHELLO.

Quoi ! rien ?

YAGO.

Non, croyez-moi, seigneur, pour une femme,
Le premier des trésors, la richesse de l'âme,
C'est l'honneur.

OTHELLO.

Je saurai ta pensée. Il le faut !

YAGO.

Ah ! gardez-vous, seigneur, d'un énorme défaut,
La jalousie. Hélas ! c'est un monstre qui ronge
Le cœur infortuné dans lequel il se plonge.
Tel mari sans amour, bien certain de son sort,
Près de son infidèle en souriant s'endort ;
Mais quel tourment d'enfer, quel chagrin empoisonne
Celui dont l'âme ardente idolâtre et soupçonne !

OTHELLO, *à part.*

Malheur !

YAGO.

Qu'à ce fléau jamais ne soient soumis
Je t'en conjure, ô Ciel, les cœurs de mes amis !

OTHELLO.

Que veut dire ceci ? Me croirais-tu l'envie
D'user dans les soupçons ma pensée et ma vie,
Et de suivre les pas d'une femme, inconstants
Comme les pas légers de la lune et du temps ?
Non ! Le doute vaudrait pour moi la certitude.
Si jamais je m'attache à cette vile étude
De chimères d'enfant, de rêves d'écolier,
Je livre mes deux bras à qui veut les lier.
Je ne serai jamais mécontent qu'on m'apprenne
Que ma femme aime encor ce que son âge entraîne,
La danse et les concerts, le monde et sa gaité,
Qu'elle aime les bijoux, parle avec liberté,
Que des grâces du chant sa voix est le modèle...

Où règne la vertu, tout est pur autour d'elle.
Je ne veux même pas qu'un secret sentiment
De ce que mon aspect donne d'éloignement
M'intimide et me cause aucune inquiétude.
De mes traits africains elle avait l'habitude ;
Peut-être, en me plaignant, elle m'en aima mieux.
Enfin, c'est au grand jour que m'ont choisi ses yeux.
Non ! je veux voir avant de me livrer au doute :
Lorsque j'aurai douté, je veux, quoi qu'il m'en coûte,
La preuve ; et, si je l'ai, dès l'instant, sans retour
Meure ma jalousie, ou meure mon amour !

YAGO.

Eh bien, je suis ravi de vous trouver si sage :
Car, si j'avais reçu pour vous quelque message
D'un ami dévoué propre à vous avertir,
Je l'aurais refusé ; mais j'y peux consentir,
Vous saurez tout bientôt. En attendant cette heure
Écoutez mon avis. Fermez votre demeure
A double clef, veillez sur votre femme ici ;
Sans trop d'emportement ni trop peu de souci,
Observez ce Cassio. Moi, je n'ai pas de preuve ;
Mais je ne puis souffrir que de peine on abreuve
Un cœur noble, en dehors, ennemi du soupçon.
Veillez donc, profitez, seigneur, de la leçon.
Tout le monde le sait, nos belles de Venise
N'ont que cette vertu qui souvent s'humanise,
Et laissent sans rougir voir au ciel tous les jours
Des choses que la terre ignorera toujours.

OTHELLO.

Est-ce là ta pensée ?

YAGO.

Oui, quand je me rappelle
Que son père autrefois fut abusé par elle,
Et que chacun eût dit tous vos pas superflus
Au moment où son cœur vous chérissait le plus.

OTHELLO.

Il a raison.

YAGO.

Allez, celle qui, dès cet âge,
Put soutenir longtemps un pareil personnage,
Aveugler son vieux père au point... J'en ris encor...

Il éclate de rire malgré lui.

Qu'il crut à la magie... Ah ! pardon ! cet essor
D'une franchise extrême et d'une amitié tendre
Pourrait vous fatiguer...

OTHELLO.

Non, non; j'aime à l'entendre.

YAGO.

Tout ceci, je le vois, a troublé vos esprits.

OTHELLO.

Point du tout ! A cela je n'attache aucun prix.

YAGO.

Ne donnez à ces mots en l'air nulle étendue !
J'aime Cassio beaucoup.

OTHELLO.

    Précaution perdue !
Je n'y veux plus penser.

YAGO.

    Je ne veux nullement...
Mais vous êtes ému.

OTHELLO.

    Non. Je crois seulement
Et toujours que ma femme est vertueuse.

YAGO.

      Ivresse
Que donne le bonheur ! O paix enchanteresse !
Le ciel vous la conserve ! Adieu.

OTHELLO.

     Si tu savais
Quelque chose de plus... alors, bon ou mauvais,
J'espère qu'à l'instant tu viendrais me le dire ;
Ta femme observerait aussi...

YAGO.

    Je me retire.
    Il salue et sort.

OTHELLO, *à part.*

Cœur probe ! il a parlé parce que j'ai prié !
— Trois fois maudit le jour où je fus marié !

YAGO, *rentrant.*

Seigneur, ma mission fatale est accomplie ;

Mais je voudrais encore, et... je vous en supplie,
Que cette affaire-là fût oubliée... Il faut
Que le temps en découvre ou cache le défaut.
Si, par exemple, on voit que Desdemona tienne
A replacer Cassio, que sa voix le soutienne,
Vous importune et prie, on pourra mieux juger.
Alors, mon sentiment même pourra changer.
Mais qu'elle ait jusque-là liberté tout entière.

— — — — — — OTHELLO. — — — — —

Va, je sais ménager cette âme tendre et fière.
Adieu.

YAGO.

Seigneur, enfin je prends congé de vous.

SCÈNE IV

OTHELLO, *seul*.

Examinons ceci maintenant. Calmons-nous.
Cet homme est plein d'honneur et plein d'expérience,
Cela donne un grand poids à tant de défiance.
  Avec violence.
— Si je la trouve ingrate et rebelle à ma voix,
Moi, je la chasserai seule dès cette fois,
Comme l'oiseau léger qu'on voulait faire vivre,
Et qu'en ouvrant la main à tous les vents on livre.
  Avec mélancolie.
—Tout est possible, hélas! il ne faut que me voir.

Tout pourrait s'expliquer par un mot : je suis noir !
Je n'ai pas les regards, les manières civiles,
Les séduisants propos d'un élégant des villes.
Je commence à pencher vers le déclin des ans ;
Mais ma vieillesse encore reculera longtemps.
— Non. Je dois la haïr ! Allons ! elle est perdue !
Je suis trahi ! Douleur ! je vois ton étendue !
Fatalité maudite ! Il est donc arrêté
Que toujours nous serons maîtres de la beauté,
Jamais de ses désirs. Ainsi les grandes âmes
Seront plutôt en butte aux trahisons des femmes
Qu'un vulgaire toujours préféré. C'est un sort
Qu'on ne peut fuir, réglé, certain comme la mort.
Oui, la Fatalité nous connaît dès l'enfance
Et saisit au berceau notre âme sans défense.

Apercevant Desdemona.

Desdemona, tu viens ! J'en atteste tes yeux,
Si ton cœur est impur, n'en croyons plus les cieux,
Ils se seraient trompés dans leur plus bel ouvrage.
Non, de le croire encor je n'ai plus le courage.

SCÈNE V

OTHELLO, DESDEMONA et EMILIA,
entrant.

DESDEMONA, *s'appuyant sur son épaule.*

Eh bien, cher Othello, ne viendrez-vous donc pas ?
Tout dans la citadelle est prêt pour le repas.

Pour répondre aux festins, aux fêtes de la ville,
Nous allons recevoir tous les nobles de l'île.
On vous attend.

OTHELLO, *après l'avoir considérée un moment sans parler.*

J'ai tort, vous seule avez raison.

DESDEMONA.

Qu'avez-vous ? voulez-vous rester à la maison ?
Votre voix est faible.

OTHELLO.

Oui. C'est mon cœur ! c'est ma tête !
Je souffre !

DESDEMONA.

Eh bien, venez, n'allons pas à leur fête.
Vous avez trop veillé. Tenez, mettez cela,
Attachez ce mouchoir.

OTHELLO, *repoussant et faisant tomber le mouchoir.*

Non. Le mal n'est pas là.
Laissez-le fermenter ou se guérir lui-même,
Et venez.

DESDEMONA.

Je m'afflige autant que je vous aime.

Ils rentrent à pas lents. Othello s'appuie sur l'épaule de Desdemona.

SCÈNE VI

EMILIA, *seule, ramassant le mouchoir.*

Ah ! je l'ai donc trouvé ! le voilà, ce mouchoir
Que mon bizarre époux voulait en son pouvoir.
Quel désir enfantin ! Ce gage de tendresse,
Le premier que le More offrit à sa maîtresse,
Est précieux pour elle, et cent fois dans un jour
Je la vois le baiser et lui parler d'amour.
Mais Yago, que veut-il et que peut-il en faire ?
Je ne sais ! Mais au moins, si j'arrive à lui plaire,
A dissiper un peu son effrayant souci,
J'en bénirai le ciel...

SCÈNE VII

EMILIA, YAGO.

YAGO.

Que faites-vous ici ?

EMILIA.

Ah ! ne me grondez pas, j'ai pour vous quelque chose.

YAGO.

Chose bien belle et rare, à ce que je suppose !
Vous peut-être ?

EMILIA.

     Ah ! méchant ! si vous aviez ceci,
Ce mouchoir précieux ! me diriez-vous merci ?

YAGO.

Quoi ? quel mouchoir ?

EMILIA.

     Celui dont fit présent le More,
Qu'hier, que ce matin vous désiriez encore.

YAGO.

Eh bien, tu l'as pris ?

EMILIA.

     Non, mais j'ai su le trouver.

YAGO.

Donne-le-moi.
   Il lui arrache le mouchoir.

EMILIA.

     Pourquoi ?

YAGO.

     J'ai dessein d'éprouver
Quelque chose demain.

EMILIA.

     Rien qui nous intéresse
Je crois ; rendez-le-moi, car ma pauvre maîtresse
En perdra la raison.

YAGO.

Qu'on ne soupçonne pas
Que je l'ai. Laissez-moi; vous suivez tous mes pas.
J'ai besoin d'être seul ; allez, je vous en prie.
                              Emilia sort.

SCÈNE VIII

YAGO, *seul.*

Oui, l'esprit du plus faible au gré du fort varie.
Une ombre, un mot léger, bagatelles pour nous,
Sont des textes sacrés aux regards d'un jaloux.
Que, trouvé chez Cassio, ceci soit un nuage
Aux autres ajouté pour accroître l'orage !
Mes poisons ont atteint le More. — Les soupçons,
A les analyser, sont vraiment des poisons.
D'abord sur tout notre être ils produisent à peine
Quelque faible dégoût, bientôt un peu de haine;
Et puis leur action pénètre jusqu'au sang,
L'irrite, le travaille avec un feu puissant ;
Comme cent lourds marteaux qui tombent sur l'enclume,
Il frappe sur le cœur, et le volcan s'allume.
La preuve, la voilà qui vient... C'est Othello.

Il regarde dans la galerie Othello qui s'avance lentement.

Va, déchire ton cœur ! va, ni le feu, ni l'eau,
Les boissons de pavot, d'opium, de mandragore,
Ne pourront te guérir et te donner encore
Ce paisible sommeil que tu goûtas hier.

SCÈNE IX

OTHELLO, YAGO.

OTHELLO, *se croyant seul et rêvant.*

Envers moi! moi! perfide! A qui donc se fier?

YAGO.

Quoi! vous pensez encor que de vous on se joue?

OTHELLO.

Va-t'en, fuis! va! tu m'as attaché sur la roue!
J'en atteste mes maux, il vaut mieux, je le crois,
Être toujours trompé que de craindre une fois.

YAGO.

Comment?

OTHELLO.

        De ce malheur quel sentiment avais-je?
Aucun. Si l'ignorance est un vieux privilège,
Ce fut alors. Hier, quel mal ai-je éprouvé?
J'avais le cœur léger, libre, et n'ai pas trouvé
Les baisers de Cassio sur ses lèvres; l'empreinte
En était invisible, et j'ai dormi sans crainte.

YAGO.

Vous m'affligez vraiment, je le dis devant Dieu.

OTHELLO, *poursuivant sans l'entendre.*

J'étais heureux hier. Et maintenant, adieu,
A tout jamais, adieu, le repos de mon âme !
Adieu, joie et bonheur détruit par une femme !
Adieu, beaux bataillons aux panaches flottants !
Adieu, guerre ! adieu, toi dont les jeux éclatants
Font de l'ambition une vertu sublime !
Adieu donc, le coursier que la trompette anime,
Et ses hennissements, et le bruit du tambour,
L'étendard qu'on déploie avec des cris d'amour !
Appareil, pompe, éclat, cortège de la gloire,
Et vous, nobles canons qui tonnez la victoire
Et qui semblez la voix formidable d'un dieu !

Avec un sourire amer.

Ma tâche est terminée ! à tout jamais, adieu !

YAGO.

Est-il possible, hélas ! que... ?

OTHELLO, *avec une fureur subite.*

                  Misérable, écoute !
Je ne souffrirai plus ni faux-fuyants ni doute ;
Tu prétends que ma femme a profané son lit !
Songe bien qu'il me faut la preuve du délit,
Ou, par la dignité de mon âme, je jure
Que, si tu ne pouvais me prouver son parjure,
Il vaudrait mieux pour toi, malheureux, être né
Sans pain et sur les mers du Nord abandonné.

YAGO, *effrayé d'être saisi au collet.*

En êtes-vous donc là ?

OTHELLO.

                Fais-moi voir tout son crime
Comme je vois le jour, ou bien si ta victime...

YAGO.

Seigneur !

OTHELLO.

      ... Si ta victime est ma Desdemona,
Si l'esprit délié que le ciel te donna
Te sert à méditer ma mort et ma torture,
Si tu mens, assassine, offense la nature,
Étouffe les remords et renonce à prier ;
Qu'on entende les cieux et la terre crier
A l'aspect des horreurs par toi seul inventées ;
Qu'à cette calomnie elles soient ajoutées ;
Pour ta damnation que tout soit réuni :
Va, tu n'en seras pas plus ni plus tôt puni.

Après l'avoir saisi et tenu, il le lâche brusquement et tombe abattu sur un siège.

YAGO.

Ciel ! grâce ! qu'ai-je fait ? avez-vous votre tête ?
Ah ! reprenez ma charge ! oui, ma retraite est prête.
Malheureux que je fus de m'attacher à lui,
Pour me voir accuser de mensonge aujourd'hui !
O des hommes du temps perversité profonde !
Jette les yeux sur moi, vois ma disgrâce, ô monde !
Vois l'honneur et le bien, le dévoûment perdus,
Avec la calomnie et le mal confondus ;
Monde ! vois le danger d'être honnête, et contemple

Quelle grande leçon dans un si grand exemple !
A Othello.

Seigneur, je vous rends grâce et j'en veux profiter :
Puisqu'un attachement si vrai peut susciter
Des outrages pareils, acceptez ma retraite,
Je pars.
Il veut sortir.

OTHELLO.

Non, reste ici. Tu devrais être honnête !

YAGO.

Je devrais fuir l'honneur, source des embarras,
Vertu des insensés qui produit des ingrats !

OTHELLO.

Eh bien, je ne sais plus juger de toi ni d'elle :
Je la crois vertueuse et la crois infidèle.
Je veux ou l'adorer ou lui donner la mort ;
Cent fois en un instant elle a raison ou tort ;
Quelle soit criminelle ou que tu sois coupable,
De choisir entre vous je me sens incapable.
Ses traits si beaux ! si purs ! depuis nos entretiens
M'apparaissent déjà plus hideux que les miens.
— Ah ! s'il est des poisons destinés aux infâmes,
Des couteaux, des lacets, des poignards ou des flammes,
Je veux me satisfaire.

YAGO.

Hélas ! faut-il, seigneur,
Poursuivre un entretien fâcheux pour votre honneur ?
Le faut-il ?

OTHELLO.

Oui. — Je veux des preuves de ta bouche.

YAGO.

Eh bien, puisqu'engagé dans tout ce qui vous touche,
Entraîné par mon cœur et mon zèle insensé,
Jusqu'au point que voilà je me suis avancé,
Je vais poursuivre encor : ce rôle m'humilie ;
Mais il faut vous servir, vous sauver, je l'oublie.
— Vous le savez, il est des hommes si pervers,
Si délaissés de Dieu, que leurs projets divers
(Sitôt que le sommeil a chassé le mensonge)
S'échappent de leur bouche ouverte par un songe :
Tel est Cassio. Dans l'ombre, hier, je l'entendis
S'écrier en dormant : « Oh ! que je la maudis,
Tendre Desdemona, la triste destinée
Qui, malgré nos amours, au More t'a donnée !
Au moins, pour le garder, cachons notre bonheur...»

OTHELLO.

Délire monstrueux !

YAGO.

Ce n'était que l'erreur
D'un songe.

OTHELLO.

Mais ce songe, impur comme leur âme,
Était le souvenir d'une journée infâme.

YAGO.

Peut-être.

OTHELLO.

Elle mourra de ma main.

YAGO.

      Un moment.
Rien n'est plus sûr encor. — Dites-moi seulement :
Ne vîtes-vous jamais entre ses mains pudiques
Un mouchoir jaune, orné de fleurs asiatiques ?

OTHELLO.

Oui, mon premier présent fut un mouchoir pareil.

YAGO.

Moi, je n'en sais rien; mais... je sais qu'à son réveil
Cassio s'en est hier essuyé le visage.

OTHELLO.

Si c'était celui-là ?

YAGO.

    Pour ma part, je le gage.
Et contre elle, ma foi, cela dépose fort.

OTHELLO.

Que ne peut-on donner cent mille fois la mort !
Une seule est bien peu, trop peu pour qu'elle lave
Le crime infâme et bas de ce traître. — Oh ! l'esclave
N'a-t-il donc qu'une vie à perdre sous mes coups ! —
Tout est vrai, je le vois, tout s'explique pour nous.
Yago, regarde-moi ! — C'est ainsi que s'exhale
De cet amour d'enfant la démence fatale ;

Il est bien loin de moi. — Levez-vous à présent,
Haine, vengeance, horreur d'un amour malfaisant ;
Dédain juste et profond, légitimes colères,
Venez gonfler mon cœur du poison des vipères !

YAGO.

Seigneur ! contenez-vous.

OTHELLO.

Du sang ! du sang ! du sang !

YAGO.

Parlez plus bas ; j'entends vos cris en frémissant ;
Calmez-vous, écoutez, patience, vous dis-je !
Votre cœur peut changer...

OTHELLO.

Non.., à moins d'un prodige.
A moins que de l'Euxin les courants remontés,
N'arrêtent tout à coup leurs flots précipités ;
Car c'est ainsi, vois-tu, qu'à la fois élancées
Roulent en se heurtant mes sanglantes pensées.
Dans ce débordement, pour eux point de recours ;
Rien ne peut ralentir l'inexorable cours
De la vengeance, Yago, vaste et profond abîme,
Où s'iront engloutir ma colère et leur crime.

Se jetant à genoux et levant la main au ciel.

Oui, je l'atteste encore, oui, j'en fais le serment
Par l'immuable éclat des feux du firmament.

YAGO, *se précipitant à genoux à côté d'Othello.*

*Ne vous relevez pas. — Flambeaux inextinguibles,
De nos jours tourmentés guides purs et paisibles,
Astres, Feux, Éléments, je vous atteste aussi,
Soyez tous les témoins que je lui voue ici
Mon cœur, mon bras, mon âme, et qu'à ses pieds je jure
De sacrifier tout pour venger son injure !

OTHELLO.

Eh bien, qu'avant trois jours Cassio meure par toi.

YAGO.

C'est mon ami. — N'importe, il n'est plus rien pour moi ;
Ce sera fait demain ; mais sauvons votre femme.

OTHELLO.

L'exterminer, Yago, l'exterminer, l'infâme,
L'exterminer ! — Suis-moi. Je veux sortir et voir
De quelle arme pour eux il faudra me pourvoir.

---

* Do not rise yet.
   Witness, ye ever-burning lights above!
   Yê elements, etc.

Cette prière, d'un damné profanateur, est en vers dans Shakespeare, ainsi que tous les monologues d'Yago, tandis que souvent, dans les mêmes scènes, on lui parle en prose, et lui-même parle en prose à Rodrigo dans les scènes familières. C'est là qu'est bien démontrée la différence du *récitatif* au *chant*. Dans cette prière, dans les adieux d'Othello à la guerre et partout où l'exaltation de l'âme élève le personnage, j'ai cherché à élever aussi le style. Dans ces morceaux, plus d'enjambements, de césures rompues ; les vers marchent à plus grands pas, ce me semble, dans ma poésie ; dans celle de Shakespeare, ils volent.

De ce vil séducteur choissisons le supplice !
Quel instrument de mort convient à sa complice ?
Qu'en penses-tu ?—Suis-moi, sois à moi, désormais
Je te fais lieutenant.

YAGO.

Tout à vous pour jamais.

SCÈNE X

DESDEMONA, EMILIA.

DESDEMONA.

Où donc ai-je perdu ce mouchoir ?

EMILIA.

Eh ! madame,
Je ne sais.

DESDEMONA.

S'il n'avait une grande et belle âme,
Étrangère aux soupçons vulgaires et jaloux,
Ce motif seul pourrait troubler mon noble époux.

EMILIA.

N'est-il point jaloux ?

DESDEMONA.

Lui ? — Le soleil pur d'Asie
A du cœur d'Othello chassé la jalousie,
Comme de l'horizon il chasse les vapeurs,
Les orages pesants et les brouillards trompeurs.
Pourtant j'aimerais mieux perdre mille cruzades*,
Que ce mouchoir donné du temps des sérénades.

EMILIA.

Il vient.

DESDEMONA.

Tant mieux ! Cassio toujours est exilé ;
Je ne le quitte plus qu'il ne soit rappelé,
Et que notre projet enfin ne réussisse.
— Bonjour, seigneur.

SCÈNE XI

DESDEMONA, OTHELLO, EMILIA.

OTHELLO.

Bonjour, noble dame.
A part.
O supplice !
Moi, dissimuler !

---

* I had rather lost my purse
Full of crusadoes.

La cruzade était une monnaie en usage du temps de Shakespeare ; elle était d'or, et pesait une monnaie anglaise *two*

A Desdemona.

　　　　　Votre main, s'il vous plaît.
Il lui prend la main et l'examine.
Elle est douce... elle est blanche aussi comme du lait,
Madame.

DESDEMONA.

Elle n'a pas encor des tristes craintes,
Des chagrins ni de l'âge éprouvé les atteintes.

OTHELLO.

Ah ! brûlante et moelleuse ! — On m'a dit quelquefois
Comment cela s'explique : un cœur trop bon. Je crois
Qu'il vous faut à présent quelques jours de retraite,
Jeûnes, privations, liberté moins parfaite.
Quelque rusé démon vous mène en bon chemin !
Vous avez là, madame, une loyale main.

DESDEMONA.

Vous ne vous trompez point, seigneur, car ce fut elle
Qui vous donna mon cœur.

OTHELLO.

　　　　　　　　Ah ! ah ! façon nouvelle !
C'était le cœur jadis dont on faisait présent ;
Mais on ne donne plus que la main à présent.

---

penny-weights six grains, ou *nine shillings*. Un almanach anglais de l'an 1586 marque les différents poids de cette monnaie, frappée et marquée d'une croix sous les rois Emmanuel et Jean, son fils.

DESDEMONA.

Je ne vous comprends pas; mais parlons; je vous prie,
De votre promesse.

OTHELLO.

Ah! quelle plaisanterie!
Qu'ai-je promis?

DESDEMONA.

Cassio va venir pour vous voir.

OTHELLO.

Je souffre. Prêtez-moi, mon amie, un mouchoir.

DESDEMONA.

Voici le mien, seigneur.

OTHELLO.

Non, je voudrais, ma chère,
Celui qu'en vous quittant je vous donnai naguère.

DESDEMONA.

Je ne l'ai pas sur moi.

OTHELLO.

Cela m'étonne fort.

DESDEMONA.

Je ne l'ai pas toujours.

OTHELLO.

Non ?

DESDEMONA.

Non.

OTHELLO, *avec sévérité.*

— — — — — — — — — — — — — Vous avez tort,
Madame ; ce mouchoir, c'est d'une Égyptienne
Que le tenait ma mère ; une magicienne
Si profonde en savoir, que sa plume eût écrit
Tous les pensers secrets qui passent dans l'esprit.
Ma mère, avec ce don, eut l'assurance d'elle
Que son mari serait toujours bon et fidèle,
Que de plaire toujours elle aurait le secret
Tant que ce talisman chez elle resterait.
Ma mère en expirant me l'a laissé, madame,
M'a dit de le donner à mon tour à ma femme :
Je l'ai fait. Prenez soin du mouchoir précieux
Comme de la prunelle ardente de vos yeux ;*
Le perdre ou le donner serait une infortune
Comme pour vous, madame, il n'en peut être aucune.

DESDEMONA.

Serait-il possible ?

---

* I did so : and take heed of't,
Make it a darling like your precious eye,
To lose or give't away, were such perdition
As nothing else could match.

OTHELLO.

Oui. Ce mouchoir a reçu
De magiques pouvoirs glissés dans son tissu.
Celle qui le broda, prêtresse surannée,
Avait vu deux cents fois naître et mourir l'année.
La soie en est sacrée, et filée en un lieu
Que dédie au soleil l'adorateur du feu;
La brillante couleur de sa trame est formée
Des teintes que produit la momie embaumée.

DESDEMONA.

Est-il vrai?

OTHELLO.

Oui, très vrai. Prenez-y garde, ou...

DESDEMONA.

Moi,
Je voudrais bien jamais ne l'avoir vu.

OTHELLO, *avec emportement.*

Pourquoi?

DESDEMONA.

Ah! ne me parlez pas si brusquement.

OTHELLO.

Qu'importe!
Est-il perdu? comment? Parlez! de quelle sorte?
Par quel accident?

DESDEMONA.

Dieu !

OTHELLO.

Qu'avez-vous répondu ?

DESDEMONA.

Moi, que je me trompais !- Non, il n'est pas perdu ;
Mais quand il le serait ?...

OTHELLO.

Ah !

DESDEMONA.

Non, je l'ai, vous dis-je.

OTHELLO.

Allez donc le chercher.

DESDEMONA.

Oui, seigneur, je m'oblige
A vous le présenter, mais pas en ce moment.
Non, je ne le veux pas, seigneur. Je crois vraiment
Que c'est de votre part une légère ruse
Pour me faire oublier mon projet, une excuse
Pour ne pas accorder la grâce qu'il me faut.
Cassio ne fut trouvé qu'une fois en défaut.

Elle se rapproche d'Othello, qui recule avec dédain.

OTHELLO.

Montrez-moi ce mouchoir; j'augure mal...

DESDEMONA.

Venise
N'a pas un officier dont tout le monde dise
Tant de bien.

OTHELLO.

Le mouchoir !

DESDEMONA, *se rapprochant*.

De grâce, parlez-moi
De Cassio.

OTHELLO, *l'évitant encore*.

Le mouchoir !

DESDEMONA.

Il a fondé sur toi,
Sur toi seul, Othello, l'esprit de sa fortune ;
Vos périls sont égaux, votre vie est commune.

OTHELLO, *avec fureur*.

Le mouchoir !

DESDEMONA.

Ah ! vraiment, le ton dont vous parlez
Mériterait de moi des reproches.

OTHELLO.

Allez !

Il la repousse et se retire.

SCÈNE XII

EMILIA, DESDEMONA.

EMILIA.

Je le soutiens ! — il est jaloux !

DESDEMONA.

      O jour funeste !
Jamais il n'a paru jaloux, je te l'atteste.
Quel sortilège est donc renfermé dans les plis
De ce fatal mouchoir ?

EMILIA.

    Les temps sont accomplis
De l'amour nuptial. — Sa couronne est fanée
Quand vient le dernier jour de sa première année.
C'est la loi, c'est le sort.—Eh ! qui de nous n'a fui
Ces querelles sans but que fait naître l'ennui ?—
Mais c'est Cassio qui vient ; mon mari nous l'amène.

SCÈNE XIII

Les Mêmes, YAGO et CASSIO.

YAGO, *finissant à demi-voix une conversation.*

... Elle y réussira, oui, la chose est certaine...
La voici ! — C'est le jour des hasards fortunés.
N'hésitez pas ! Parlez, priez, importunez.

DESDEMONA.

Est-ce encor vous, Cassio ?... Quelle nouvelle affaire ?

CASSIO.

C'est la seule, madame, et la même prière
Qui me ramène ici. — Votre intercession
Peut aider mon unique et juste ambition
D'exister dans un rang honorable à l'armée
Et de toucher encor cette main bien-aimée
Du More glorieux dont la vie et l'honneur
Me sont toujours sacrés jusques au fond du cœur.
Oui, pour rentrer en grâce et pour me faire entendre,
Je voudrais, par vos soins, ne pas longtemps attendre,
Et, si j'ai ce malheur que mon délit soit tel,
Qu'il demeure à ses yeux un crime si mortel
Que rien ne soit assez pour en laver la trace,
Ni services passés, ni présente disgrâce,
Ni repentir sincère et sincère amitié,

Ni souvenirs guerriers dont il eut la moitié,
Ni résolution, pour l'avenir bien prise,
De conduite sévère ; et que rien ne suffise
Après cette publique et terrible leçon,
Pour racheter ma faute et payer ma rançon ;
Que je le sache au moins de sa bouche, madame,
Et, reprenant alors mon épée et ma rame,
Sur d'autres mers ou bien sur quelque autre chemin
Aux charités du sort j'irai tendre la main.

DESDEMONA.

Hélas ! mon cher Cassio, son cœur ni sa justice
N'écoutent aujourd'hui ma voix médiatrice.
Mon seigneur ne m'est plus Othello ; j'en gémis,
Mais un nuage passe entre vos deux amis.
Son humeur, son discours, sa voix, sa contenance
Tout est changé pour moi ; j'ai lassé sa clémence
Sans doute, et, pour vous seul le priant sans repos,
Je crois l'avoir blessé par mes libres propos ;
Car puissent les Esprits du Seigneur m'être en aide,
Comme il est vrai, Cassio, que toujours j'intercède,
Que je me suis, sans trêve, exposée au courroux
Dont les feux violents sont dirigés vers vous.
A quelques jours encor remettons votre cause,
Et pour vous je ferai plus que pour moi je n'ose ;
Cela doit vous suffire.

Cassio salue et se retire de quelques pas.

YAGO.

Eh quoi donc ! monseigneur
Est en colère ?

EMILIA.

Il sort dans une sombre humeur.

YAGO.

Lui ! devenir si faible et montrer sa colère ?
Je l'ai vu calme au feu, quand, pareille au cratère
D'un volcan furieux, la poudre du canon
Vomissait la mitraille et, comme le démon,
Enleva dans ses bras, d'une seule bordée.
Son frère... Et voir son âme à ce point possédée,
D'une fureur profonde ! Il faut assurément
Un bien grave sujet pour un tel chargement.
Je l'irai voir. — Oui, certe, il faut quelques injures
Sans nom !

DESDEMONA, *à Yago*.

Allez le voir, Yago !

Yago salue et sort en réfléchissant d'un air sombre.

SCÈNE XIV

DESDEMONA, EMILIA, CASSIO.

DESDEMONA.

A Cassio.

Quelles blessures
Atteindraient sa belle âme et son cœur de soldat

Si ce n'était encor quelque raison d'État ?
Ceci vient de Venise, à qui cette grande île
Veut peut-être aujourd'hui se montrer indocile ;
Quelque émeute nouvelle à Chypre ou des complots
Que voit son coup d'œil d'aigle avant qu'ils soient éclos.
En secret agité par de graves affaires,
Parfois on semble ému de piqûres légères ;
Voulons-nous que toujours les hommes soient des dieux,
Comme un premier amour les présente à nos yeux ?
Quel homme et quel époux surtout, avec constance,
Des promesses du cœur a gardé l'observance ?
Tiens, j'étais bien injuste, Emilia, maudis-moi.
J'avais, comme un guerrier déloyal et sans foi,
Percé, par un défaut, sa généreuse armure ;
Mais nous devons nous rendre à sa raison plus sûre ;
Nous mesurions sa force à notre esprit rusé,
Nous l'avions tous ici faussement accusé.

EMILIA.

Plaise à Dieu que ce soit quelque affaire publique
Et le tourment secret d'un travail politique,
Et non pas un soupçon injurieux pour vous !

DESDEMONA.

Hélas ! eut-il jamais sujet d'être jaloux ?

EMILIA.

Eh ! mon Dieu ! n'allons pas prendre un si vrai langage,
Car les esprits jaloux n'entendent rien de sage.
Ils sont jaloux, non pas pour tel ou tel objet,
Mais sont jaloux pour l'être et sans aucun sujet.

Tenez, la jalousie est un monstre crédule,
Nourri d'un mal secret qu'il aime et qui le brûle,
Aux pièges qu'il se tend toujours pris et repris,
Engendré par lui-même et de lui-même épris.

DESDEMONA.

Dieu veuille d'Othello détourner ces pensées !

EMILIA.

Ah ! qu'il en soit ainsi !

DESDEMONA, *à Cassio.*

Vous nous voyez forcées
De vous quitter. Restez ici, près du château.
Je vais voir monseigneur. — Qu'un prétexte nouveau
Se trouve sous mes pas, je reprends la parole
Sur cet événement dont l'éclat nous désole.

CASSIO.

Que votre grâce en ait d'avance tout l'honneur
Et les respects profonds que lui garde mon cœur !

Il salue, et elle se retire en le saluant aussi cérémonieusement.

SCÈNE XV

CASSIO, BIANCA.

BIANCA.

Salut à mon ami Cassio !

CASSIO.

Comment! ma belle,
Vous quittez la maison en plein jour?

BIANCA.

Infidèle,
Je vous cherchais.

CASSIO.

J'allais chez vous, mon cher amour,
Je vous le jure.

BIANCA.

Et moi, jusqu'au fond de la tour
Où vous êtes juché comme un oiseau farouche,
J'allais vous déloger. Quoi donc! rien ne vous touche?
Vous me laissez chez moi, seule et dans mes ennuis,
Compter dix fois les jours et onze fois les nuits.
L'absence d'un amant a de si longues heures,
Qu'on prend en déplaisir les plus belles demeures.

CASSIO.

Pardonnez-moi, Bianca; j'ai sur l'âme un fardeau
De lourds pressentiments, noirs comme le tombeau,
Qui, depuis quelques jours, m'importune et m'obsède;
Mais cette sombre humeur s'est enfuie et vous cède,
Et celui qui jamais à l'appel ne manqua
Ce soir dira chez vous : « Pardonne-moi, Bianca! »
Jusqu'à cet instant-là, ma gracieuse amie,
Prenez-donc le dessin de cette broderie;
Il me semble admirable et fait en Orient.

BIANCA.

Ah! ah! — D'où vient ceci? — Quoi! tout en souriant,
Vous mettez dans mes mains le don de quelque belle?
Est-ce une liaison, une intrigue nouvelle
Qui se trahit ainsi, malgré vous, par hasard?

CASSIO.

C'est un soupçon d'enfant! — Ce matin à l'écart,
Ce mouchoir, parfumé de cinnamome et d'ambre,
Jeté sur un fauteuil s'est trouvé dans ma chambre.
Le dessin m'en a plu; comme, au premier moment,
On le réclamera très vraisemblablement,
Copiez-le pour moi dans sa forme indienne,
Pour qu'à Venise, un jour, de Chrypre il nous souvienne.
Ne soyez plus jalouse, et surtout quittez-moi;
Il faut me laisser seul.

BIANCA.

    Vous laisser! et pourquoi?

CASSIO.

J'attends mon général, et ta beauté légère
Ne me donnerait pas l'aspect assez sévère
Pour un homme investi d'un grand commandement.
Il est fort ombrageux sur ce point seulement.

BIANCA.

Vous n'aimez pas assez pour braver la consigne;
Je vous plains. Mais, du moins, si vous m'en croyez digne,
Sur la route un moment donnez-moi votre bras,
Jusqu'à ma porte.

CASSIO, *se laisse prendre le bras.*

Eh bien, nous ferons quelques pas,
Mais je reviens ici.

BIANCA.

Venez donc, pauvre esclave!
Vous m'allez voir marcher très posée et très grave.

Ils sortent en se donnant le bras. Cassio est un peu embarrassé, mais lui parle bas en marchant.

ACTE QUATRIÈME

Une galerie du palais.

SCÈNE PREMIÈRE

OTHELLO, YAGO.

YAGO*.

Seigneur, y pensez-vous encore ?

OTHELLO.

Si j'y pense !

YAGO.

Bah ! donner un baiser en secret, en silence !

---

* Yago craint qu'Othello ne se souvienne plus de ses calomnies et ne cherche à s'en distraire ; il les lui remet sous les yeux, en ayant l'air, comme c'est sa tactique, de leur chercher des excuses.

OTHELLO.

Baiser furtif!

YAGO.

Ou bien s'enfermer dans la nuit
Seule, avec un amant sans péché ni sans bruit!

OTHELLO.

Quoi, seuls et sans péché! c'est tenter la nature
Qui, dès lors, livre au mal sa faible créature.

YAGO.

C'est peu de chose encor... Mais donner un mouchoir!

OTHELLO.

Donner!... je l'oubliais...* Ceci devient plus noir...
Ce souvenir sur moi retombe et m'importune
Comme vient un corbeau, prophète d'infortune,
Sur un château désert tristement se poser.

YAGO.

J'ai vu des gens tout dire, et d'autres tout oser;
Il en est qui, vainqueurs, ne savent pas se taire,
Et vont, à tout venant, raconter sans mystère
Les faveurs qu'à la longue ils doivent à l'ennui.

---

* Il est bien beau, à mon avis, qu'Othello ait oublié cette circonstance, légère en apparence, et qu'il faut lui rappeler souvent. Cela diminuera beaucoup le reproche que l'on fait à Shakespeare d'avoir construit toute l'intrigue sur un fondement aussi peu solide que le mouchoir perdu. La suppression de ces premières scènes a surtout donné naissance à cette critique.

OTHELLO.

Par l'enfer et le ciel! aurait-il parlé?

YAGO.

                                    Lui?
Il n'a, ma foi, rien dit qu'au besoin il ne nie.

OTHELLO.

Et de quoi parlait-il?

YAGO.

        D'une faute impunie.

OTHELLO.

Quoi?

YAGO.

   De ce qu'il a fait; je ne le sais pas, moi;
Il dit avoir été reçu...

OTHELLO.

        Que dit-il? quoi?

YAGO.

Dans son lit... tout ce que... vous voudrez.

OTHELLO, *hors de lui.*

                                  Avec elle!
Dans son lit! — Scélérat! le mouchoir! — Pêle-mêle
Les étrangler!... L'aveu! non... d'abord le mouchoir!
J'en frissonne du haut en bas! Le désespoir,

Si tout n'était réel, pour des paroles vaines,
Ferait-il bouillonner tant de feu dans mes veines !
Quoi ! sa joue et ses yeux !... Confesse-toi... Je veux
Le mouchoir ! — Ses beaux yeux ! — Ses lèvres ! — Des aveux
O démon !

Il tombe à la renverse sans connaissance.

YAGO, *étendant la main sur sa victime.*

Opérez, mes poisons, sur son âme !
Voilà comment on voit plus d'une honnête femme
Perdre pour un soupçon le cœur de son époux.

Il soulève Othello évanoui.

Allons, seigneur, allons.

SCÈNE II

OTHELLO, YAGO, CASSIO.

CASSIO, *arrivant.*

Général, qu'avez-vous ?

YAGO.

Laissez-le ; ce n'est là qu'une attaque imprévue
Qui vient souvent troubler sa raison et sa vue :
C'est l'épilepsie.

CASSIO.

Ah ! secourons-le !

YAGO.

       Laissez ;
Je reste auprès de lui, laissez-nous, c'est assez ;
Autrement, vous verriez l'écume dans sa bouche.
Il devient furieux aussitôt qu'on le touche.
Regardez !... il s'agite. Allez ; dans un instant,
J'irai pour vous parler d'un fait très important.

       Cassio sort.

Comment vous trouvez-vous, général ?

SCÈNE III

OTHELLO, YAGO.

OTHELLO.

       Que dit-elle ?

YAGO.

Soyez homme, seigneur ! La savoir infidèle
Vaut mieux que vivre en paix sans s'en être douté,
Et dormir chaque nuit paisible à son côté.
Vous êtes plus heureux ainsi. La circonstance
Vient vous trouver : le sort vous sert avec constance.

Tandis que vous étiez (chose indigne de nous)
Renversé dans mes bras, le front sur mes genoux,
Cassio même est venu. J'ai déguisé la cause
De ce triste accident, prétextant autre chose ;
Mais il va revenir. Cachez-vous, s'il vous plaît,
Dans cet enfoncement. Et, de là, s'il parlait,
S'il se laissait aller à l'insultant sourire
Qui d'un amant heureux trahit toujours l'empire,
Vous verriez tout vous-même. Oui, je vais sous vos yeux
L'amener à conter en quel temps, en quels lieux
Il fut avec faveur traité par votre femme.
Mais de votre fureur contenez bien la flamme,
Ou je serais forcé de croire que vos sens
Sont livrés au pouvoir des esprits malfaisants.

OTHELLO.

Écoute, amène-le, j'y consens, où nous sommes.
Je veux être, entends-tu ? le plus prudent des hommes,
Mais le plus sanguinaire aussi.

YAGO.

C'est juste. — Allez,

Othello se retire et s'enfonce sous la voûte, à droite de la scène, entre les colonnes. On le voit paraître et se cacher tour à tour.

Et vous entendrez tout de là, si vous voulez. —
Maintenant sur Bianca j'interrogerai l'autre ;
C'est une aventurière à qui ce bon apôtre
A dérangé l'esprit et qu'il traîne après lui.
Il rit quand on en parle, et je vais aujourd'hui
Me servir de son nom. Othello dans ce rire

Verra tous les aveux qu'il rêve en son délire,
Et chaque mot ainsi va leur être fatal.

A Cassio, qui rentre.

Comment vous portez-vous, lieutenant ?

Othello est placé de façon à tout voir, mais ne peut entendre que lorsqu'on élève la voix.

SCÈNE IV

CASSIO, YAGO.

CASSIO.

Au plus mal !
Triste et dépossédé peut-être pour la vie
De la charge qu'hier le More m'a ravie,
Et dont vous me donnez encore le surnom,
Je ne sais trop pourquoi.

YAGO, *très haut.*

Qu'elle vous plaise ou non,
Voyez Desdemona souvent.

Plus bas.

Si cette grâce
Dépendait de Bianca, dont la faveur vous lasse,
Vous seriez satisfait bientôt.

CASSIO, *riant.*

La pauvre enfant !

OTHELLO, *à part.*

Comme il sourit déjà !

YAGO, *haut.*

Soyez donc triomphant,
Car je ne vis jamais plus amoureuse femme.

CASSIO, *riant.*

Oui, je crois qu'elle m'aime ! Ah ! c'est une bonne âme !

OTHELLO, *à part.*

Il a l'air de nier, mais faiblement. — Maudit,
Tu souris !

YAGO.

Parlez-moi.

OTHELLO, *à part.*

Yago presse. Bien dit !
Bien dit !

YAGO, *plus bas.*

Elle se vante à tout propos dans l'île
Que vous l'épouserez.

CASSIO, *riant aux éclats.*

Je quitterais la ville,
Plutôt. Ah ! ah ! ah ! ah !

OTHELLO, *à part.*

Tu triomphes, Romain !

CASSIO.

Grâce pour ma raison ! Moi, lui donner la main
Vous me croyez donc fou ?

OTHELLO, *à part.*

Ris, après ta victoire !
Yago m'a fait un signe ; il commence l'histoire,
Sans doute.

CASSIO.

L'autre jour, elle est venue à moi
Réclamer, en public, des preuves de ma foi,
Sur le bord de la mer. J'en rougis quand j'y pense.
Elle vient se jeter à mon cou, s'y balance...

Il fait le geste de se suspendre au cou d'Yago.

OTHELLO, *à part.*

Il décrit ses plaisirs sans doute et leurs propos.
Quand verrai-je les chiens qui rongeront leurs os !

CASSIO, *poursuivant.*

Elle était en fureur, en larmes, et la cause
Était ce beau mouchoir, voyez, pas autre chose ;
Elle l'avait trouvé dans mon logis hier,
Disait=elle.

Il tire le mouchoir de sa poche.

OTHELLO, *à part.*

Voilà mon mouchoir. Qu'il est fier,
Le traître !

CASSIO.

J'en ai peur, je me cache et l'évite,
Et pour cela, mon cher, je m'esquive au plus vite.

Il sort.

YAGO.

Adieu.

SCÈNE V

OTHELLO, YAGO.

OTHELLO.

Procure-moi du poison pour ce soir !

Avec amour.

Je ne l'entendrai pas, c'est assez de la voir !
Je crains que sa douleur désarme ma vengeance.
Je ne lui dirai pas un mot.

YAGO.

Point d'indulgence !
Renoncez au poison ; l'étouffer est plus prompt,
Sous ces mêmes rideaux complices de l'affront.

OTHELLO.

Oui, cette mort est juste. Eh bien, je m'y décide.

YAGO.

Quant à Cassio, sur moi je prendrai l'homicide,
Je m'en charge; il ne va qu'où mon doigt le conduit !
Et vous en saurez plus ce soir même à minuit.

On entend des trompettes dans le lointain ; elles se rapprochent par degrés.

OTHELLO.

Qu'entends-je là ?

YAGO.

Je vois le plumet et la toge
Qui distingue à Venise un envoyé du doge.
Ah ! c'est Lodovico,... votre femme avec lui.

SCÈNE VI

Les Mêmes, LODOVICO, DESDEMONA, Suite.

LODOVICO, *à Othello.*

Le doge et le sénat dont vous êtes l'appui
Vous offrent leurs saluts.

Il présente un paquet de lettres à Othello.

OTHELLO.

     Avec respect je baise
Les ordres souverains.
Il baise les lettres et les lit.

LODOVICO.

     J'attendrai qu'il vous plaise
De répondre à cela. — *A Desdemona, qu'il prend à part.*
     Pendant qu'il lit, venez,
Ma cousine. — En entrant, nous fûmes étonnés
De ne pas rencontrer Cassio sur la jetée.

DESDEMONA.

Quelque division entre eux deux excitée
A semé la tristesse et le deuil parmi nous ;
Mais vous l'apaiserez aisément.

OTHELLO, *l'entendant.*

     Croyez-vous ?

DESDEMONA.

Quoi ? seigneur !

OTHELLO, *lisant.*

« Partez donc sans tarder davantage... »

LODOVICO, *à Desdemona.*

Il ne vous parlait pas, mais lisait ce message...
Et n'est-il plus entre eux nul accommodement ?

DESDEMONA.

Hélas! je le voudrais, quant à moi seulement
Par l'amitié que j'ai pour Cassio.

OTHELLO.

Feux! tonnerre!

DESDEMONA, *à Othello.*

Seigneur!

OTHELLO.

Avez-vous bien votre sens ordinaire ?
On ne le croirait pas.

DESDEMONA.

Monseigneur, pourquoi non ?

OTHELLO, *avec fureur.*

Pourquoi ?...

DESDEMONA.

Mais oui, pourquoi ?

OTHELLO.

Va, perfide! démon!
Il la frappe avec les papiers qu'il tient à la main.

DESDEMONA.

Avais-je mérité ce traitement infâme ?

Elle pleure.

LODOVICO.

Seigneur, si je disais ce qu'a souffert madame,
Personne dans Venise entière n'y croirait.

OTHELLO, *à Desdemona.*

Sortez.

LODOVICO.

Elle est en pleurs. Qu'un regard d'intérêt
Fasse oublier ceci. Dites une parole
Qui calme son chagrin, seigneur, et la console.
J'admire sa douceur.

OTHELLO, *à Desdemona.*

Revenez.

A Lodovico.

La voilà.

Que lui voulez-vous ?

LODOVICO.

Moi ?

OTHELLO.

Oui, vous.—Regardez-la,

Avec ironie.

Vous aimez la beauté que la douceur décore.
Elle sait s'en aller, puis revenir encore,
Elle pleure ou sourit, elle est douce.

A Desdemona avec colère.

Oui pleurez,
Pleurez. — Elle dira tout ce que vous voudrez,
Il rit en parlant.
Elle est douce, oui, très douce.

A Desdemona.

O perfidie infâme !

A lui-même.

On m'appelle à Venise.

A Desdemona.

Allez, sortez, madame.

A Lodovico.

Seigneur, j'obéirai...

A Desdemona.

Je vous dis de sortir...

Elle sort.

A Lodovico.
Aux ordres du sénat, seigneur, sans repentir ;
Et je compte me rendre à Venise au plus vite.
A souper avec moi ce soir je vous invite.
Veuillez me pardonner quelque distraction.
Soyez le bienvenu.

En sortant.

Grand Dieu ! corruption !
Corruption !

Il suit Desdemona, qui marche en pleurant devant lui et cache sa tête sous son voile et dans ses mains.

SCÈNE VII

YAGO, LODOVICO.

LODOVICO, *le regardant se retirer.*

Eh quoi ! c'est là ce noble More
Que dans tous ses revers la République implore,
Qu'illustre le sénat, qu'une commune voix
Appelle à décider des combats et des lois ?
Est-ce donc là cette âme et ce grand caractère
Qu'on vit aux passions s'offrir toujours austère,
Et ce ferme courage où venaient se briser
Tous les coups du destin qu'il savait maîtriser ?
Est-ce donc Othello ?

YAGO, *soupirant d'un air hypocrite.*

Moi, je ne sais qu'en dire !

LODOVICO.

Sur lui-même autrefois il avait tant d'empire !
On croirait aujourd'hui son esprit dérangé.
Est-ce bien Othello ?

YAGO.

Certe, il est bien changé !

LODOVICO.

Frapper sa femme !

YAGO.

Hélas ! je voudrais, je vous jure,
Qu'il ne lui fît jamais de plus sanglante injure !

LODOVICO.

Les lettres du sénat, seigneur, assurément,
Ne le jetteraient pas dans cet emportement !

YAGO.

Hélas ! je ferais mal de dire ce qu'on pense
Et tout ce que j'ai vu. Mais j'observe en silence ;
Ayez bien l'œil sur lui. Moi, je suis alarmé.

LODOVICO.

J'ai regret à présent de l'avoir tant aimé.

Ils sortent en parlant avec chaleur et plus bas.

SCÈNE VIII

OTHELLO, ÉMILIA.

OTHELLO, *sombre, mais calme et d'un air scrutateur.*

Vous n'avez donc rien vu qui témoignât contre elle ?

EMILIA.

Rien.

OTHELLO.

Ni regard douteux, ni parole infidèle?

EMILIA.

Je n'ai rien entendu, ni rien soupçonné.

OTHELLO.

Mais
Vous les vites souvent se parler bas?

EMILIA.

Jamais.

OTHELLO.

Jamais ils n'ont paru désirer votre absence?

EMILIA.

Jamais. J'attesterai cent fois son innocence.
Si quelque autre pensée abuse vos esprits,
Chassez-la. Si quelqu'un, seigneur, vous a surpris
Par ce zèle trompeur qui blesse en voulant plaire,
Puisse le juste Ciel accabler pour salaire
Ce perfide inconnu, cet infâme imposteur,
De la punition du serpent tentateur!
Je jure sur ma vie encor qu'elle est fidèle;
Nulle femme ne fut sage si ce n'est elle,
Nul mari ne doit être heureux si ce n'est vous.

OTHELLO.

Allez et dites-lui de venir près de nous.

Emilia sort.

SCÈNE IX

OTHELLO, *seul, regardant aller Emilia.*

C'est une femme adroite et dont le témoignage
Est nul. Eh! pourrait-elle en dire davantage?
Elle soutient son rôle effronté ; son maintien
Cache un cœur plein de crime et d'infamie... Eh bien,
Ce soir, on la verra, que le Ciel lui pardonne!
A genoux, priant Dieu devant une Madone.
Je l'ai vue une fois.

SCÈNE X

OTHELLO, DESDEMONA, EMILIA.

DESDEMONA.

Seigneur, que voulez-vous?

OTHELLO, *ironiquement.*

Venez, ma bien-aimée ; allons, regardez-nous !

DESDEMONA.

Vous voulez voir ?...

OTHELLO, *durement.*

Vos yeux; je veux les voir en face;
Regardez-moi !

DESDEMONA.

Seigneur, vous m'effrayez ! De grâce,
Quel horrible projet vous saisit ?

OTHELLO, *à Emilia, avec une ironie cruelle.*

Deux amants
Ont besoin d'être seuls en de pareils moments;
Vous le savez, je crois, depuis longtemps, madame.
Quand on vient, vous frappez pour avertir ma femme,
N'est-il pas vrai ? Sortez vite, allez, laissez-nous !

Emilia sort.

Othello reste longtemps la main sur la clef, qu'il a tournée deux fois, et regarde Desdemona avec des yeux terribles.

DESDEMONA, *à genoux.*

A vos genoux, seigneur ! seigneur, à vos genoux,
Je demande en tremblant ce qui peut vous déplaire.
Au fond de vos discours je vois votre colère ;
Et cependant, seigneur, je ne la comprends pas.

OTHELLO, *d'un ton féroce.*

Quelle es-tu ?

DESDEMONA.

Votre femme, attachée à vos pas
Comme une esclave ; oui, oui, votre fidèle femme.

OTHELLO.

Viens me jurer cela ! Jure, et damne ton âme ;
Car en voyant tes traits célestes, je le crois.
L'enfer hésiterait à s'emparer de toi.
Viens donc pour te damner, et, par un double crime,
Dis que tu t'es conduite en femme légitime,
Fidèle à son serment.

DESDEMONA.

Le Ciel le sait, seigneur.

OTHELLO.

Le Ciel sait que l'Enfer est moins noir que ton cœur.

DESDEMONA.

Moi ! qu'ai-je fait, seigneur, et par qui condamnée ?
Envers qui criminelle ? O fatale journée !

OTHELLO, *s'appuyant contre le mur, puis tombant sur un fauteuil.*

Ah ! Desdemona, va loin de moi !

Il fond en larmes.

DESDEMONA.

      Vous pleurez ;
Et pourquoi pleurez-vous ? Qu'ai-je fait ? Vous croirez,
Oui, vous croirez peut-être, hélas ! que c'est mon père
Qui vous fait rappeler ; il n'en est rien, j'espère :
Mais ne m'accusez pas ; s'il vous poursuit ainsi,
Je ne dois plus le voir, et je le perds aussi.

OTHELLO, *parlant sans la regarder.*

Si le Ciel, me frappant d'une plaie inconnue,
D'une grêle de maux chargeant ma tête nue,
Eût fait pleuvoir sur moi chagrins et pauvreté,
M'enlevant à la fois l'honneur, la liberté,
L'espoir lui-même... alors, dans mon expérience,
Dans ma raison, j'aurais cherché la patience.
Mais en butte au mépris railleur, qui toujours là
Vous désigne du doigt... Eh bien, encor cela,
Oui, cela même encore, en frémissant de rage,
De l'endurer longtemps j'aurais eu le courage.
Mais l'asile adoré, le tabernacle d'or
Où j'avais de mon cœur déposé le trésor,
La source où je puisais et rapportais ma vie,
M'en arracher moi-même et me la voir ravie,
Ou bien la conserver lorsque son flot d'azur
Est tout empoisonné comme un marais impur !
Lequel de vous, Esprits de gloire et de lumière,
Lequel de vous quittant sa pureté première
Et, comme je le fais, s'armant d'un cœur de fer,
N'en deviendrait plus dur et plus noir que l'Enfer ?

DESDEMONA.

Du moins, vous me croyez vertueuse ?

ACTE IV, SCÈNE X.

OTHELLO, *se levant et la contemplant avec une mélancolie profonde.*

                                        O misère !
Comment t'es-tu flétrie ? ô toi, fleur solitaire !
O fleur si belle à voir et dont le pur encens
A ton approche seule enivrait tous les sens !
Je voudrais que le Ciel ne t'eût jamais fait naître !

DESDEMONA.

Hélas ! j'ai donc fait mal sans le savoir peut-être ?

OTHELLO.

Ce que vous avez fait, ô femme sans honneur,
Il faudrait pour le dire être aussi sans pudeur !
Le jour en le voyant se détourne de honte,
Et votre ange effrayé vous maudit et remonte.

DESDEMONA.

Ah ! vous m'injuriez, seigneur, et par quel nom !

OTHELLO.

Eh quoi ! n'êtes-vous pas une adultère ?

DESDEMONA.

                                          Non !
Comme je suis chétienne !
    Elle retombe à genoux en élevant les mains au ciel.

OTHELLO.

Est-il vrai ?

DESDEMONA, *toujours à genoux*.

Sur mon âme !
Sur mon salut ! si c'est être une honnête femme
Que chérir ses devoirs et les accomplir tous !

OTHELLO, *ironiquement*.

Vraiment ?

DESDEMONA, *effrayée*.

Hélas ! seigneur, que Dieu veille sur nous !

OTHELLO, *avec le plus profond mépris en la relevant*.

Pardon ! je me trompais, et ma vie abusée
M'avait montré dans vous cette femme rusée,
Courtisane à Venise et fille sans raison,
Qui, pour suivre Othello, déserta sa maison.

A Emilia qui rentre.

Vous dont la mission est honnête et secrète,
Recevez cet argent et soyez bien discrète.

*Il lui jette une bourse, rit amèrement en regardant
Desdemona à demi évanouie, Emilia interdite, puis
il sort.*

SCÈNE XI

EMILIA, DESDEMONA.

EMILIA.

Qu'a donc rêvé cet homme, et que dit-il de nous ?
Dieu ! que vous êtes pâle ! Ah ! mon Dieu ! qu'avez-vous ?

DESDEMONA.

Moi, je crois que j'ai fait un songe.

EMILIA.

                              Sa colère,
D'où vient-elle ?

DESDEMONA.

Quoi donc ?

EMILIA.

                    Qui vient de lui déplaire ?

DESDEMONA.

A qui ?

EMILIA.

Qui ?... Monseigneur !... J'entendais en entrant...

DESDEMONA.

Ah ! tais-toi...

Elle fond en larmes et pleure longtemps.

Je ne puis répondre qu'en pleurant.
Ce soir, tu placeras sur mon lit, déployée,
La robe que j'avais quand je fus mariée.
N'y manque pas, et cours appeler ton époux ;
Qu'il vienne me parler.

Emilia sort.

Seule, et pleurant.

Dieu nous a jugés tous.
J'avais bien mérité les dédains qu'une fille
Attire sur sa tête en fuyant sa famille ;
Mais ce reproche amer, ce honteux souvenir,
Etait-ce d'Othello qu'il aurait dû venir ?
Non. Me calomnier, soupçonner, méconnaître,
Pour tout autre que lui serait juste peut-être,
Oui, bien juste. Mais lui ! Qu'ai-je dit, qu'ai-je fait,
Qui me charge à ses yeux d'un aussi grand forfait ?

SCÈNE XII

YAGO, EMILIA, DESDEMONA.

YAGO.

Qu'ordonnez-vous, madame, et qu'avez-vous ?

DESDEMONA.

Que sais-j

Le maître d'un enfant réprimande et protège,
Il adoucit sa voix, il caresse en grondant ;
Car, s'il veut le punir, il l'aime cependant.
Othello devait faire ainsi ; car, dans l'enfance,
On n'est pas plus que moi sans force et sans défense.

YAGO.

Qu'a-t-il fait ?

EMILIA.

Ce cœur pur, dont il était épris,
Il vient de l'accabler d'outrage et de mépris ;
Il oublie et son rang et celui de sa femme
Au point de la traiter de perfide et d'infâme.

YAGO.

Que Dieu nous soit en aide ! Et d'où vient sa fureur ?

DESDEMONA.

Dieu le sait !

EMILIA.

Plaise au Ciel que je sois dans l'erreur !
Mais, je le jurerais, c'est quelque traître encore
Qui par ambition vient d'abuser le More,
Quelque flatteur adroit qui s'attache à ses pas ;
Je consens à mourir si tout cela n'est pas.

YAGO.

Est-il homme pareil au monde ? Est-ce possible ?

DESDEMONA.

Que Dieu lui pardonne !

EMILIA.

Ah ! moi, je suis moins sensible !
Pour un tel scélérat, j'aurais un cœur de fer,
Et le voudrais passant du gibet à l'enfer !

A Yago.

Si je le connaissais ! C'est le même peut-être
Qui vous fit voir aussi dans l'amiral un traître,
Quand vous le soupçonniez de jeter l'œil sur moi.
— Que ne peut-on livrer aux verges de la loi
Ces scélérats obscurs qui vont troubler vos âmes
En jetant des soupçons sur l'honneur de vos femmes !
Qui voit-on chez madame, et qui lui fait la cour ?
En quel lieu, dans quel temps s'est formé cet amour ?

YAGO.

Ne vous emportez pas ainsi, femme imprudente !

DESDEMONA.

Cher Yago, le chagrin d'Othello m'épouvante.
Je crois perdre son cœur et ne sais pas comment ;
Allez, et dites-lui que, dans aucun moment,
Son amour n'a cessé de suivre ma pensée ;
Que même de ses torts je ne suis point blessée,
Que je l'aime et toujours l'aimai ; que, malgré lui,
Sa femme était encor son esclave aujourd'hui ;
Qu'il me verra sans cesse obéissante et douce,
Jusque dans le divorce où cet éclat nous pousse,

Et que sa dureté peut détruire en un jour
Ma vie et ne peut rien jamais sur mon amour.

YAGO.

Calmez-vous ; ce sont là les chagrins ordinaires
Que jette en nos cerveaux le trouble des affaires.
C'est Venise qu'il gronde en vous, cela n'est rien.
L'ambassadeur attend. Rentrez, tout ira bien.

Il reconduit Desdemona jusqu'à la porte de la galerie, qui se trouve à droite de la scène ; au moment où il revient seul, il se rencontre nez à nez avec Rodrigo.

SCÈNE XIII

YAGO, RODRIGO.

YAGO.

Ah ! vous voilà !

RODRIGO.

Moi-même. Il faut, sans plus se taire,
De vos façons d'agir m'expliquer le mystère.
Vous me trompez.

YAGO, *effrontément.*

La preuve ?

RODRIGO.

Elle est simple à donner ;
Vous n'avez pas le droit de vous en étonner,
Quand pour Desdemona, que vous disiez rebelle,
J'ai mangé tout mon bien. Pour fléchir notre belle,
Or, bijoux, diamants, rubis, colliers, parfums,
Des dons qu'il vous fallait je n'épargnais aucuns ;
Enfin j'en ai versé dans votre main fatale
Assez pour acheter l'honneur d'une vestale :
Vous me les avez dits reçus ; mais, en retour,
Moi, je n'obtiens jamais un seul regard d'amour.

YAGO.

Fort bien ! poursuivez !

RODRIGO.

Oui ! oui ! je veux bien poursuivre
Et je viens pour cela ! Je ne prétends pas vivre
En étourdi, jouet de votre trahison ;
Et de vous, aujourd'hui, je me ferai raison.

YAGO.

Vous avez dit ?...

RODRIGO.

J'ai dit, et j'agirai peut-être.

YAGO.

Eh bien, je vois en vous un cœur ferme, mon maître !
Touchez là ! c'est parler ; j'ai suivi tous ses pas,
Tous dans votre intérêt.

RODRIGO.

Je ne m'en doutais pas !

YAGO.

Il y paraissait peu, je l'avoue, et vos doutes
Prouvent un esprit fin. Mais, de toutes les routes,
La plus sûre parfois est la plus longue. Ami,
Je n'ai pas adopté votre cause à demi ;
Et, si dès cette nuit vous n'enlevez sa femme,
Tenez-moi pour un fourbe et qu'on m'arrache l'âme !

RODRIGO.

Quoi donc ! ai-je vraiment quelque lueur d'espoir ?

YAGO.

Des ordres sont venus de Venise, et ce soir
Cassio doit remplacer Othello.

RODRIGO.

Ma surprise
Est bien grande. Il va donc retourner à Venise ?

YAGO.

Bien plus loin : en Afrique ! A moins que son séjour
Ne soit, par un bon coup, prolongé plus d'un jour ;
A moins que votre main diligente et jalouse
N'y veille, il vous prendra sa belle et jeune épouse.
Écartons ce Cassio.

RODRIGO.

Mais comment l'écarter ?

YAGO.

Comment? Rien de plus simple : en lui faisant sauter
Ce reste de cerveau qui fait jaser sa tête.

RODRIGO.

Je dois faire cela ?

YAGO.

Toute l'affaire est prête.
Après souper, ce soir, je vais vous l'envoyer.
Entre une heure et minuit, nous irons l'épier
Au détour de la rue, et, prenant votre belle,
Vous pousserez la botte ; alors, s'il est rebelle,
Je vous seconderai ; je serai sur vos pas.

RODRIGO.

Cher Yago, c'est fort bien ; mais je ne voudrais pas
Assassiner un homme.

YAGO.

Eh ! mon Dieu ! pour une heure
Venez en conférer dans ma propre demeure,
Et je vous montrerai si bien l'arrêt du sort
Sur le front de Cassio, que vous voudrez sa mort.

RODRIGO.

Mais pourtant...

YAGO.

Taisez-vous...

RODRIGO.

Un ami...

YAGO.

       Que m'importe !
Le souper va finir. — Allons, ouvrez la porte,
Sortez ; vous restez là tout ébahi !

RODRIGO.

      Mais quoi !
N'avais-je pas le droit de demander pourquoi ?

YAGO.

Vous le saurez, je vais vous ôter tout vestige
De scrupule...

RODRIGO.

Et comment ?...

YAGO.

      A l'action, vous dis-je !

Ils sortent par la gauche de la scène ; Othello entre du côté opposé.

SCÈNE XIV

OTHELLO, *avec* DESDEMONA. EMILIA, *reconduisant* LODOVICO, *envoyé du Sénat.*

LODOVICO.

Seigneur, de m'honorer vous prenez trop de soin ;
Vous me rendez confus ; ne venez pas plus loin.

OTHELLO, *d'une voix sombre.*

L'air me fera du bien !

LODOVICO.

Madame, je souhaite
Que la nuit vous soit douce et calme. Je m'apprête
A vous quitter.

DESDEMONA, *à Lodovico.*

Je suis heureuse de l'honneur
Que vous nous avez fait.

OTHELLO, *soupirant.*

Desdemona !

DESDEMONA.

Seigneur !

OTHELLO.

Retirez-vous, allez. Couchez-vous tout de suite *.
Je reviens à l'instant. Renvoyez votre suite ;
N'y manquez pas !

DESDEMONA.

Seigneur, j'obéirai.

---

* Get you to bed on the instant. I wil be
Return'd forth With. Dismiss your attendant there.

Cela est traduit littéralement, et toute cette scène est évidemment faite pour qu'on entende Othello donner cet ordre.

OTHELLO, à *Lodovico.*

Passez.

Ils sortent.

SCÈNE XV

La scène change et représente un cabinet de toilette de Desdemona. — Pendant cette scène, Desdemona doit peu à peu se déshabiller.

DESDEMONA, EMILIA.

EMILIA.

Comment vous trouvez-vous ? Ses discours moins glacés,
Moins durs que ce matin, sont d'un meilleur augure.

DESDEMONA.

Le cœur ne se lit pas toujours sur la figure.
Il m'a dit qu'il fallait (cela va t'effrayer)
Rentrer chez moi, l'attendre, et puis te renvoyer.

EMILIA.

Quoi ! me renvoyer ?

DESDEMONA.

Oui ! Comme il est en colère
Ce n'est pas à présent qu'il faudrait lui déplaire.
Donne mes vêtements. Adieu. C'est convenu.

EMILIA.

Je voudrais que jamais vous ne l'eussiez connu !

DESDEMONA.

Je ne le voudrais pas, moi ; car vraiment je l'aime
Jusqu'en son humeur brusque et dans ses dédains même.
Ils ont (délace-moi vite, je serai mieux)
Du charme pour mon cœur, de la grâce à mes yeux.

EMILIA.

Tout votre habit de noce est sur le lit.

DESDEMONA.

        N'importe !...
Mon père ! hélas ! j'ai fui le seuil de votre porte,
Mon bon père ! Ah ! combien nos cœurs sont insensés !
— Je veux qu'en ces habits mes restes soient placés.
Si je meurs avant toi, tu le feras, j'espère,
Dans mes robes de noce. — O mon père ! ô mon père !

*   Elle pleure.*

EMILIA.

Madame, au nom du Ciel, ne dites pas cela.

DESDEMONA.

Elle fait arranger lentement ses cheveux devant une glace ; pendant ce temps, Emilia s'arrête, lorsqu'elle rêve et chante.

Ma mère avait près d'elle une esclave, et voilà
Que, malgré moi, j'y pense. Elle était Africaine ;

On la nommait Joël ; une éternelle peine
L'accablait ; son amant, devenu fou, je crois,
L'avait abandonnée ; il semble que sa voix,
Comme je l'entendais, frappe encor mon oreille ;
Elle chanta longtemps une chanson bien vieille,
Une chanson de saule et de fatal amour * ;
Elle mourut très jeune, et jusqu'au dernier jour
Elle redit cet air, dont les vers et l'histoire
Ne peuvent aujourd'hui sortir de ma mémoire.
Peu s'en faut que mon front ne tombe malgré moi,
Comme le sien tombait en chantant. Hâte-toi,
Je t'en prie ; à mes yeux la lampe se dérobe.

EMILIA.

Irai-je pour la nuit chercher une autre robe ?

DESDÉMONA.

Non, détache ces nœuds seulement. — J'ai trouvé
Lodovico fort bien, son langage élevé,
Gracieux.

EMILIA, *cherchant à la distraire.*

J'ai connu dans Venise une dame
Qui brûlait tellement de devenir sa femme,
Que, pour en obtenir un instant de pitié,
Elle eût fait un voyage en Palestine à pied.

---

* She had a song of willow...
  An old thing'twas, but it express'd her fortune;
  And she d'ed singing it : that song, to-night,
  Will not go from my mind. —

DESDEMONA, *rêveuse, récite ou chante des vers.*
Emilia n'ose lui parler.

La pauvre enfant était assise
Sous un sycomore penché,
Son front sur ses genoux caché,
Sa main sur son cœur qui se brise.
Chantez le saule, chantez tous,
Le saule pleure comme nous.

EMILIA.

Je voudrais cette nuit rester auprès de vous.

DESDEMONA, *poursuit sans l'écouter.*

Le ruisseau frais au pied de l'arbre,
Coulait près d'elle en murmurant.
Elle parlait en soupirant,
Ses pleurs auraient usé le marbre.

Il va rentrer bientôt ; dépêche-toi ! *Chantez*
Le saule vert, le saule... Il revient ; écoutez.

Que nul d'entre vous ne le blâme !
Mieux que vous je connais son âme !
J'aime et j'approuve ses dédains !

Non. Ce n'est pas ainsi que ce couplet commence,
Et je ne puis jamais achever la romance.
Qui frappe donc ? Écoute ! entends-tu ?

EMILIA.
                                               C'est le vent.

DESDEMONA.

Ah ! c'est vrai. Bonne nuit. Va-t'en. Mon Dieu, souvent
Mes yeux me font bien mal. Brûlants comme une flamme !
Cela présage-t-il des pleurs ?

EMILIA.

Eh ! non, madame.

DESDEMONA.

On me l'a toujours dit. — Ah ! ces hommes ! — Crois-tu,
Dis-le-moi, que parfois des femmes sans vertu,
Sans honneur, aient osé trahir la foi jurée ?...

EMILIA, *souriant*.

Mais, madame !

DESDEMONA.

Crois-tu qu'à ce point égarée,
Tu voudrais pour un monde entier y consentir ?

EMILIA, *cherchant*.

Pour un monde, madame, un monde, sans mentir,
Ne voudriez-vous pas ?...

DESDEMONA.

Non ! par cette lumière
Du ciel !

EMILIA.

Par la lumière ? Ah ! je suis la première
A dire non aussi, mais la nuit !

DESDEMONA.

Quoi ! vraiment !
Oh ! non ! je ne veux pas l'écouter, elle ment.

EMILIA.

Bah ! votre opinion de ce péché se fonde
Sur l'avis général établi dans le monde ;
Mais, s'il était à moi, ce monde, on en ferait
Bien vite une vertu qu'on y respecterait.

DESDEMONA.

Et moi, je ne crois pas que ces femmes existent.

EMILIA.

Eh ! madame, entre nous, s'il en est qui résistent,
C'est...

DESDEMONA.

Bonne nuit, va-t'en, il est bien tard ; adieu.

Emilia sort.

Tous les jours de ma vie, inspirez-moi, grand Dieu !
Le mépris que je sens pour ces propos infâmes,
Et faites qu'en plaignant l'erreur des autres femmes,

Et dédaignant toujours leur exemple fatal,
Je me corrige encore en présence du mal.

Elle prend un chapelet et son livre de prières, le lit, rêve ; et puis elle sort et passe dans sa chambre à coucher.

ACTE CINQUIÈME

Une rue écartée et sombre de Chypre. — Il est nuit.

SCÈNE PREMIÈRE
YAGO, RODRIGO.

YAGO.

Place-toi, mon ami, derrière la muraille.
Tire-moi bravement ta lame de bataille.
Cassio va revenir. L'épée au poing ! C'est bien.
Plonge-la dans son cœur. Sois ferme ! ne crains rien ;
Je serai là. Ce coup sauve ou perd notre affaire ;
Songes-y. Prends bien garde à ce que tu vas faire.

RODRIGO.

Mais tiens-toi près de moi ; je peux manquer mon coup.

YAGO.

Es-tu content ? je suis sous ton bras...

ACTE V, SCÈNE I.

RODRIGO, *à part.*

Pas beaucoup !
Il m'a bien donné là des raisons excellentes ;
Mais je hais tout ceci. Ces actions sanglantes...
Bah ! qu'importe ! Après tout, ce n'est qu'un homme mort.
Je ferai ce qu'il veut, mais je crois que j'ai tort.

Il va à son poste.

YAGO, *sur le devant de la scène.*

J'ai tant envenimé sa récente blessure,
Que le voilà parti. Mon entreprise est sûre.
A présent, que Cassio meure ou le tue, ou bien *
Qu'ils meurent tous les deux, cela ne me fait rien ;
Si Rodrigo survit à l'affaire, il est homme
A venir réclamer les bijoux et la somme
Dont je l'ai dépouillé : cela ne sera pas.
D'autre part, si Cassio se dérobe au trépas,
Je demeure éclipsé par l'éclat de sa vie.
Le More et lui pourront s'entendre. Oh ! mon envie
De le voir disparaître est juste, et je prétends
Ne pas l'attendre au coin des bornes plus longtemps.
J'entends quelqu'un ; c'est lui.

---

* Now ; whether he kill Cassio
Or Cassio him, or each do kill the other,
Every way makes my gain : Live Roderigo,
He calls me to a restitution large
Of gold, and jewels, that I bobb'd from him
As gifts to Desdemona :
It must not be : — if Cassio do remain,
He hath a daily beauty in his life
That makes me ugly.

RODRIGO, *au coin de la rue.*
Il s'élance de son poste et porte une botte à Cassio.

C'est lui ! c'est lui ! Meurs, tr

CASSIO.

Ma foi, sans mon manteau, c'était fait. Ah ! mon maître,
C'est moi qui vais percer le tien.
Il tire son épée et frappe Rodrigo.

RODRIGO.

Ah ! je suis mort !
Yago frappe Cassio à la jambe et s'en va.

CASSIO.

Au meurtre !
Yago achève Rodrigo.

RODRIGO, *mourant, à Yago.*

Scélérat !

OTHELLO, *traverse la scène dans la nuit,
enveloppé d'un manteau.*

Cassio se meurt. Le sort
Pas à pas s'accomplit. Yago tient sa promesse.
Il a frappé l'amant, je marche à la maîtresse.
Femme, ton bien-aimé t'attend, et ton destin
Est de l'aller trouver avant demain matin.
En entendant ces cris, j'ai honte qu'elle vive !
Fidèle Yago, j'y vais ! Attends, femme, j'arrive ;

ACTE V, SCÈNE I.

Ton sang bientôt versé par mon bras satisfait,
Va couler sur ce lit qu'a souillé ce forfait.

Il sort à grands pas, marchant vers son palais et mettant la main sur son poignard.

LODOVICO *entre de l'autre côté avec ses gens sans flambeaux.*

J'entends gémir deux voix. Mais la nuit est bien sombre.
Avancez prudemment et lentement dans l'ombre;
Ce pourrait être un piège. Approchons; j'aperçois
Un homme armé qui tient une lampe, je crois.

YAGO, *accourant à demi déshabillé, avec une lampe.*

Qui va là ? Répondez. Quel blessé nous appelle ?
Quoi ! c'est vous, lieutenant ? Était-ce une querelle ?

CASSIO.

Ce sont des assassins; l'un d'eux est mort ici.

YAGO.

Les autres, où sont-ils ? Je crois que les voici.

Il crie à Lodovico.

N'approchez pas de moi. Nommez-vous, parlez vite.

LODOVICO.

Jugez chacun de nous, seigneur, par sa conduite.
Nous restons à deux pas.

YAGO.

Excusez-moi, seigneur,
Noble Lodovico! mais, dans un tel malheur,
Au milieu des brigands, de tous on se méfie.
C'est notre ami Cassio, déjà presque sans vie.
Si vous pouviez m'aider à l'emporter chez moi.

CASSIO, *qu'on transporte.*

Merci, mon brave Yago.

YAGO, *à part.*

Je veillerai sur toi,
Car c'est dans cette nuit où va gronder l'orage,
Que ma barque doit vaincre ou subir le naufrage!

Ils entrent dans une maison.

SCÈNE II

Une chambre à coucher. — Desdemona endormie sur son lit, à moitié déshabillée, en robe blanche, nu-pieds, ses cheveux noirs épars.

OTHELLO *entre, tenant dans sa main gauche une lampe, dans la droite une épée.*

. . . .

C'est la cause, ô mon âme! et vous la connaissez*

---

* It is the cause, it is the cause, my soul.

Ce brusque début doit être conçu comme la suite d'une profonde réflexion intérieure dont l'expression s'échappe de ses

La cause qui m'amène au meurtre ! c'est assez !
Étoiles qu'on adore en votre chaste empire,
La cause, sous vos yeux je n'oserais la dire !
Je ne verserai pas son sang, et mon dessein
Ne me conduira pas à déchirer ce sein
Si beau, que l'on croit voir, à la lampe bleuâtre,
Sur un tombeau de marbre une image d'albâtre.

Il pose son épée et sa lampe sur une table.

Cependant, il faut bien qu'elle meure, il le faut,
Car elle trahirait d'autres hommes bientôt.
— Éteignons ce flambeau, puis éteignons sa vie.
— Si la flamme une fois par ma main t'est ravie,
J'ai pour la ranimer le temps du repentir,
Lampe ardente !

En regardant Desdemona.

Mais toi qui vas t'anéantir,
Ouvrage le plus beau qu'ait formé la nature !
Où retrouver encor, divine créature,
Ce feu qui te donna la vie, et qu'autrefois
Dieu pour chacun de nous n'alluma qu'une fois ?
Le destin l'a voulu : lorsqu'une main profane
Vient de cueillir la rose, il faut qu'elle se fane ;
Mais celle-ci, du moins, je veux la respirer !

Il l'embrasse.

O souffle pur, qui viens encor de m'attirer !
— Ta lèvre de parfums et de baumes trempée

---

lèvres dans la violence de son désespoir. Le désordre de ses
premières paroles sera mieux expliqué par tout homme dont
le cœur a été blessé que par les commentaires de Johnson et
Stevens, qui ajoutent froidement des paroles de rechange en
marge de ce monologue pour lui servir de préface.

Forcerait la justice à briser son épée !
Encore ce baiser ! — le dernier ! — infernal !
Jamais on n'en aura donné de plus fatal.
Il fond en larmes.
Il faut que je pleure ! Ah ! c'est que ma fureur même
Est le courroux du ciel qui frappe ce qu'il aime...
Elle s'éveille !

DESDEMONA.

On vient !... Othello ! c'est donc vous ?

OTHELLO.

Oui, Desdemona, moi.

DESDEMONA.

Monseigneur, allons-nous
Dormir ?

OTHELLO, *assis, sans la regarder, parlant doucement.*

Avez-vous fait ce soir votre prière,
Desdemona ?

DESDEMONA.

Oui.

OTHELLO.

Bien ! Dans votre vie entière
Si vous vous rappelez un crime pour lequel
Vous n'ayez pas encor l'indulgence du Ciel,
Implorez-la sur l'heure.

DESDEMONA.

Eh ! que voulez-vous dire,
Monseigneur ?

ACTE V, SCÈNE II.

OTHELLO.

Il marche à grands pas dans la chambre.

Allons, vite, allons, je me retire,
Je reste à quelques pas de vous en attendant.
— Préparez-vous ! Ma cause est juste, et cependant
Le Ciel remet parfois même une faute infâme,
Et je ne voudrais pas aussi tuer votre âme.

DESDEMONA.

Quoi ! vous parlez de crime et... de tuer aussi ?

OTHELLO.

Oui.

DESDEMONA.

Que le Ciel me sauve !

OTHELLO.

Amen ! qu'il soit ainsi[*] !
Je le désire.

[*] OTHELLO.

Oui.

DESDEMONA.

Que le ciel me sauve !

OTHELLO.

— *Amen !* qu'il soit ainsi !
Je le désire.

A la scène, on dit : « Ah ! qu'il en soit ainsi ! »
Mais l'anglais porte : *Amen ! with all my heart!*
J'espère qu'il viendra un temps où l'on osera dire à la scène
cette parole sacramentelle que Shakespeare n'a pas mise sans

DESDEMONA.

Au moins, ce n'est pas moi, j'espère,
Que vous tûrez?

OTHELLO.

Espère!

---

intention dans la bouche du More. Othello est un chrétien fervent, comme l'annoncent beaucoup de traits dans toute la tragédie; dans cette scène, il se regarde comme n'étant plus que l'exécuteur de son invariable résolution; depuis son vers:

Yet the must die, else she'll betray more men!

... Il faut bien qu'elle meure, il le faut,
Car elle trahirait d'autres hommes bientôt!

de ce moment, il est devenu à ses propres yeux un pontife, un sacrificateur qui ne doit plus à la victime que le temps d'une prière. Othello a dans son cœur des trésors de foi et d'amour; l'une lui fait dire : *Je ne voudrais pas tuer aussi votre âme; I would not kill thy soul;* l'autre, que son courroux *est le courroux du Ciel qui frappe ce qu'il aime; This sorrow's heavenly, it strikes, where it doth love.*

Il est tellement pénétré de sa foi et convaincu que son crime l'a damnée, qu'on l'entendra se réjouir de ce que Desdemona s'est damnée aussi par un mensonge, quoique ce mensonge soit un dernier soupir d'amour pour lui-même. Souvent il a fait serment par la *sainte croix*; tout en lui est ferveur religieuse; cette flamme veille en lui aussi ardente que son amour. Tous ces traits préparent assez un public attentif et réfléchi, à entendre sortir comme un dernier vœu ce mot qui termine toute prière, et par lequel un chrétien s'unit aux prières d'un autre; dernière parole qu'il accorde à la criminelle : il ne croit plus pouvoir pardonner dans ce monde, mais il veut bien prier Dieu d'absoudre dans l'autre.

DESDEMONA.

Hélas! votre colère
Est à craindre toujours, seigneur, lorsque vos yeux
Roulent comme à présent, sombres et soucieux.
Je n'ai fait aucun mal; personne n'a de plainte
Contre moi; je ne vois aucun sujet de crainte,
Et cependant j'ai peur.

OTHELLO.

Pense à tes péchés.

DESDEMONA.

Moi?
Le seul est mon amour pour vous, seigneur.

OTHELLO.

Tais-toi.
Pour ce crime tu meurs!

DESDEMONA.

C'est contre la justice.
Tuer pour trop aimer! Punir d'un sacrifice!
Ah! pourquoi mordez-vous vos lèvres en parlant?
Vous tremblez, agité d'un effort violent.
Ces présages sont tous sinistres; mais je pense
Ne pas être l'objet de votre violence.

OTHELLO.

Reste en repos, écoute.

DESDEMONA, *assise sur le bord de son lit.*

Eh bien, j'écoute en paix.

OTHELLO.

Ce mouchoir qui te fut si cher et que j'aimais,
Tu viens de le donner à Cassio.

DESDEMONA.

Sur mon âme,
Cela n'est pas. Qu'il vienne, et devant votre femme
Interrogez-le donc.

OTHELLO.

N'ajoute pas le tort
Du parjure au péché, près de ton lit de mort!

DESDEMONA. *Elle s'est levée un moment et retombe sur le lit.*

Je n'y suis pas encor pour mourir?

OTHELLO.

Tout à l'heure.
En vain tu nîrais tout; fais un serment ou pleure,
Tu n'étoufferas pas tout ce que maintenant
Je nourris dans le fond du cœur en frissonnant.
Tu vas mourir!

DESDEMONA.

Dieu juste! ayez pitié!... Vous-mêm[e]
Ayez pitié de moi. Ce Cassio, je ne l'aime
Que de cette amitié bienveillante pour tous,
Qui ne peut exciter aucun soupçon jaloux.
Je ne vous offensai jamais par mon langage;
J'ai pris pitié de lui, mais jamais aucun gage...

OTHELLO.

Oh ! par le Ciel ! j'ai vu ce mouchoir dans ses mains.
Femme, ô femme parjure entre tous les humains
Ce mot seul rend mon cœur de fer. Mon sacrifice
De ta vie, à présent je le nomme justice.
J'ai vu le mouchoir.

DESDEMONA.

Vous ? Il l'avait donc trouvé ?
Qu'il vienne, et par lui-même il vous sera prouvé...

OTHELLO.

Il a déclaré...

DESDEMONA.

Quoi ?

OTHELLO.

Qu'il t'avait possédée.

DESDEMONA.

Il ne le dira pas !

OTHELLO.

Non, sa bouche est fermée ;
Yago s'en est chargé.

DESDEMONA, *épouvantée*.

Ma crainte explique tout :
Il est mort !

OTHELLO.

Il est mort! Quand son ange debout
Aurait multiplié cent fois son existence,
Cent fois on l'aurait vu tomber sous ma vengeance.

DESDEMONA, *pleurant.*

Hélas! il est trahi! je suis perdue!

OTHELLO.

O dieux!
L'effrontée! elle vient de pleurer sous mes yeux!

DESDEMONA.

Oh! ne me tuez pas, bannissez-moi!

OTHELLO.

L'infâme!
A bas, prostituée!

DESDEMONA.

Oh! la nuit pour mon âme!
Et tuez-moi demain.

OTHELLO.

Non. Si vous résistez...

DESDEMONA.

Une heure seulement.

OTHELLO.

Point de grâce!

DESDEMONA.

Arrêtez!
Seulement pour le temps de dire une prière.

OTHELLO.

Il est trop tard!

Il l'étouffe avec un oreiller.

SCÈNE III*

LES MÊMES, EMILIA.

EMILIA, *du dehors.*

Seigneur! seigneur! la ville entière
Est en rumeur.

OTHELLO.

Qui vient ici? J'entends des pas.
Est-elle morte? Non, non, la mort ne vient pas.
Moi, je suis né cruel; mais, l'action finie,

---

* Il était important de montrer, par ce grand exemple de Shakespeare, que tout n'est pas fini après la mort de l'*héroïne*, et que le dénoûment d'une tragédie peut être l'accomplissement d'un caractère et d'une haute vue morale, et non la fin d'une petite aventure.

J'ai toujours eu pitié d'une longue agonie ;
Je ne veux pas laisser durer votre douleur,
Non, non.

Il la poignarde sans la regarder.

EMILIA, *en dehors*.

Ouvrez! ouvrez! Monseigneur! monseigneu

OTHELLO.

Oui! — C'est Emilia qui frappe à cette porte.

Regardant Desdemona.

Pour la mort de Cassio. — Tout à l'heure. — Elle est mo
Froide! ô mon enfant! froide! immobile! — Ah! je croi
Qu'elle respire encor. — Non. — Tout vient à la fois!
Que faire? On va parler à la femme du More.
Ma femme! — Quelle femme? Ai-je une femme encore?
O funeste pensée! Il me semble à présent
Que les astres devraient, dans ce jour malfaisant,
S'éclipser dans le ciel, s'enfoncer dans l'abîme.

Il ferme les rideaux et ouvre à Emilia.

EMILIA.

Seigneur!

OTHELLO.

Qu'arrive-t-il?

EMILIA.

Seigneur, un double crime :
Cassio, puis Rodrigo sont assassinés.

DESDEMONA, *sous les rideaux.*
>Ah !

EMILIA.

Quel est ce cri ?

OTHELLO.

Quel cri ?

EMILIA.

>Dieu ! c'est Desdemona.

DESDEMONA.

Tuée injustement... innocente, et je l'aime.

EMILIA.

Qui vous a fait mourir ?

DESDEMONA, *expirant.*

>Personne, c'est moi-même.

Recommande mon âme à mon Othello.

OTHELLO.

>Quoi !

Elle vient d'affirmer que ce n'était pas moi ?

EMILIA.

Oui, je l'avoue.

OTHELLO, *avec une joie fanatique et insensée*.

Eh bien, elle a dit un mensonge
Dont le poids éternel dans les enfers la plonge !
C'est moi qui l'ai tuée.

EMILIA.

O Ciel ! tant de bonté
Double votre injustice et votre cruauté.

OTHELLO.

Elle tournait au mal ; c'était une adultère.

EMILIA.

Vous la calomniez !

OTHELLO.

Non ! Perfide et légère
Comme l'onde.

EMILIA.

Elle était un ange de candeur.

OTHELLO.

Une femme perdue.

EMILIA.

Un trésor de pudeur !

OTHELLO.

Ton mari me l'a dit.

EMILIA.

Il a dit cela d'elle,
Mon mari?

OTHELLO.

Ton mari.

EMILIA.

Qu'elle était infidèle?

OTHELLO.

C'est un homme d'honneur qui déteste et maudit
Le vice et le dénonce.

EMILIA.

O Ciel! il vous l'a dit,
Mon mari?

OTHELLO.

Ton mari, femme.

EMILIA.

Oh! Dieu! ma maîtresse,
Ton amour fut joué par sa scélératesse.

OTHELLO.

Il a tout découvert lui-même habilement;
L'honnête Yago sut tout et m'a tout dit.

EMILIA.

> Il ment.

De son indigne choix elle était trop éprise.
Ah! ma colère enfin surmonte ma surprise!

Othello lève son épée.

Va, je ne te crains pas, homme ou monstre fatal!
Car tu n'as pas en toi, pour me faire du mal,
La moitié de l'honneur qui me rend intrépide.
Je te dénoncerai! More insensé, stupide!
Quand je devrais aussi succomber sous tes coups,
Je te ferai connaître! assassin! vil jaloux!
Sanguinaire jouet d'une envieuse adresse!
A mon secours! le More a tué ma maîtresse!

Elle frappe aux portes et ouvre une fenêtre où elle appelle.

SCÈNE IV

Les Mêmes, LODOVICO, MONTANO, YAGO.

EMILIA.

Vous voilà donc, Yago! soyez le bienvenu!
De tous les meurtriers vous semblez fort connu!
Dans ses assassinats chacun d'entre eux vous nomme.
Démentez celui-là, si vous êtes un homme.
Avez-vous dit sa femme infidèle? Parlez,
Parlez, mon cœur est plein.

YAGO.

J'ai dit, si vous voulez,
Tout ce que je pensais, mais rien, je vous assure,
Qu'il n'ait vu par lui-même.

EMILIA.

Eh bien, moi, je le jure,
C'est un mensonge infâme, exécrable, odieux!
Il faut bien que je parle. Elle est là sous vos yeux,
Seigneurs, et sur ce lit, assassinée!

TOUS.

O crime!

EMILIA.

De vos rapports, Yago, ma maîtresse est victime.
C'est vous! La vérité va paraître à son tour.

YAGO.

Il met la main sur son épée.
Prenez garde, madame!

EMILIA.

Elle verra le jour.
Que le Ciel, les démons, tous les hommes ensemble
S'élèvent contre moi! je parlerai.
A Othello.
Rassemble
Tous les faits, cruel More, et jure le premier.
Il conduisait ta main, aveugle meurtrier!

Et je suis bien trompée, ou dans un but perfide
Il me prit ce mouchoir dont il était avide,
Et que...

OTHELLO, *absorbé jusque-là dans son désespoir,
se lève.*

Parle.

YAGO.

Tais-toi !

EMILIA *vient se mettre, en fuyant Yago,
sous la protection d'Othello.*

Gardez ce réprouvé,
Seigneurs.

OTHELLO.

Parle, te dis-je !

EMILIA.

Et que j'avais trouvé.
Yago voulut l'avoir, il paraissait lui plaire ;
Cassio ne l'eut jamais.

OTHELLO.

Que fait donc le tonnerre ?

On s'éloigne de lui avec méfiance.

N'ayez pas peur de moi, seigneurs ; je suis armé,
Mais personne à présent n'en doit être alarmé.
J'ai vu des temps meilleurs, jadis, où cette épée,

Dont la lame espagnole, et dans l'Èbre trempée,
Se serait bien fait jour au travers de vous tous ;
Mais qui peut du destin surmonter les grands coups ?
— Je suis au terme enfin du long pèlerinage,
C'est le dernier écueil de mon dernier voyage ;
Une femme pourrait me désarmer. — Pourquoi
La bravoure à l'honneur survivrait-elle en moi ?

A Desdemona.

Ah ! pauvre enfant ! jouet d'une étoile fatale !
Froide comme une tombe et comme un linceul pâle !
Calme au sein de la mort, comme était ta vertu !
Vois-tu ton assassin qui pleure ? le vois-tu ?

Il se roule sur les pieds de Desdemona.

EMILIA.

Oui, rugis à présent, roule-toi, pour qu'on voie
Ce qu'un tigre africain sait faire de sa proie.

Elle se jette sur le corps de Desdemona, et y reste à pleurer jusqu'à la fin de l'acte.

LODOVICO, *montrant Yago.*

Gardez ce scélérat !

OTHELLO *se relève et marche lentement vers Yago, qui parle bas à un groupe de soldats qui l'entoure.*

Laissez-moi lui parler ;
Est-ce un homme ? oh ! non, non, sa main doit vous brûler.
Je regarde ses pieds. Sa vie est une fable !
Mais, si c'est un démon, il est invulnérable.

Il le blesse.

YAGO.

Mon sang coule, Messieurs, mais je ne suis pas mort.

OTHELLO.

Tant mieux; pouvoir mourir est un bienfait du sort,
Et vivre est un malheur; je souhaite qu'il vive.

LODOVICO.

Désarmez Othello. Que cet homme nous suive.
On va l'interroger.

OTHELLO, *avec une profonde tristesse.*

                Seigneur, un seul moment!
A ce monstre pour moi demandez seulement
Dans quel but il ourdit son infernale trame,
Et pourquoi ses filets ont enlacé mon âme?

YAGO.

Ne me demandez rien; ce qu'on sait, on le sait.
Je ne dis plus un mot.

LODOVICO.

                Si le bourreau cessait
De lui briser le corps, j'aiderais la torture
Dont il sera bientôt la hideuse pâture.
Qu'il sorte! allez!

Yago sort, emmené par les gardes.

CASSIO, *qui est entré avec Lodovico, et s'est tenu jusque-là à l'écart, s'avance appuyé sur deux soldats et blessé à la jambe.*

                Hélas! que vous avais-je fait,
Mon général?

OTHELLO.

Ami! nulle offense, en effet.
Et j'avais ordonné... Votre main et ma grâce...
Pardonnez-moi.

Cassio lui baise les mains en sanglotant.

CASSIO.

Seigneur, est-il rien que n'efface
Tant de malheur?

LODOVICO, *à Othello.*

O vous! vous! si grand et si doux
Autrefois! à présent, que dira-t-on de vous?

OTHELLO.

A présent? Que m'importe! Écrivez tout au doge,
Ou partez pour Venise, et, s'il vous interroge,
Dites : « C'est par honneur qu'il lui perça le sein. »
Nommez-moi hardiment honorable assassin[*]!
On lira dans ma vie un crime et non des vices.
J'ai peut-être à l'État rendu d'heureux services,
N'en parlons plus jamais : racontez seulement
Que je n'aimai que trop cette femme, et comment,
Dans un piège infernal lentement enlacée,
Jusqu'à l'assassinat mon âme fut poussée.
Racontez qu'un soldat qui ne pleura jamais
Vous a montré des yeux vaincus, et, désormais,
Versant des larmes, plus que les palmiers d'Asie

---

[*] An honorable murderer.

De leurs flancs parfumés ne versent d'ambroisie.

Il cherche à tirer son poignard sans être vu.

Parlez ainsi de moi; puis racontez encor
Que dans Alep un jour, dérobant un trésor,
Un Turc au turban vert profanait une église,
Insultait un chrétien; le More de Venise
L'arrêta; vainement il demanda merci,
Il le prit à la gorge en le frappant ainsi*.

Il se poignarde et tombe à la renverse.

---

* J'ai recomposé et resserré ce dénoûment tout entier depuis la scène III; il m'a fallu rassembler des traits épars, en ajouter quelques-uns et retrancher de trop lentes explications, parce que c'est aujourd'hui, pour la France surtout, une nécessité que la dernière émotion soit la plus vive et la plus profonde. J'ai tâché seulement de ne perdre aucun des grands traits de Shakespeare.

DOCUMENTS

J'AI traduit cette tragédie sur un exemplaire in-folio de la première édition complète des Œuvres de de Shakespeare. Elle fut publiée en 1623, après sa mort, par deux acteurs, camarades du grand homme. Jusque-là, on n'avait imprimé que quelques livres informes et sans distribution d'actes ni de scènes. *John Hemmings* et *Henry Condell* firent paraître ce livre, précédé d'une préface naïve, adressée à tous les lecteurs, dans un style et une orthographe qui correspondent au langage de Rabelais, et où se trouve ceci : *His minde* and hand went together : and what he thougt he uttered with that easinesse that we have scarse received from him a blot in his papers.*

Reade him therefore and againe, and if then you do not like him, surely you are in some manifest danger not to understand him.

M. WILLIAM SHAKESPEARE'S COMEDIES, HISTORIES AND TRAGEDIES.

Warburton, Johnson, Stevens, sir J. Reynolds et Théobald, dans leurs commentaires *scolastiques*, qui ne sont guère que des disputes de mots, ne cessent de confronter cette édition avec un in-quarto du même temps que je n'ai pu me procurer.

On voit que Shakespeare ne regardait ses *pièces* (plays) *historiques* ni comme comédies ni comme tragédies. Toutes sont nommées histoires, comme Henri VIII, qui s'intitule *the Famous History of Henry the eight*. Othello porte le titre

---

* « Son esprit et sa main allaient ensemble, et ce qu'il pensa, il l'exprima avec telle aisance, que nous avons à peine trouvé une rature dans ses papiers.

« Lisez-le donc encore, et, si vous ne l'aimez pas, assurément vous êtes dans quelque manifeste danger de ne pas le comprendre. »

de *the Moore of Venice*, que j'ai voulu lui rendre.

Il me reste à répéter ce que tout le monde sait, que Shakespeare puisa dans l'*Hecatomythi* de *Giraldi Cinthio* la fable du *More de Venise*. Quiconque la lira, ou en italien dans les *Cento Novelle*, ou en anglais dans le *Shakespeare illustrated*, et la comparera à l'œuvre de Shakespeare, verra comment le génie dit à la matière : « Lève-toi et marche ! »

FIN

TABLE

	Pages
SHYLOCK.	I
LE MORE DE VENISE.	93

Achevé d'imprimer

Le trente juillet mil huit cent quatre-vingt-cinq

PAR

ALPHONSE LEMERRE

25, RUE DES GRANDS-AUGUSTINS

A PARIS

LIBRAIRIE ALPHONSE LEMERRE

ŒUVRES

DE

A. de Lamartine

12 volumes, petit in-12 couronne, à 6 fr. le volume.

PREMIÈRES MÉDITATIONS.............	1 vol.
NOUVELLES MÉDITATIONS.............	1 vol.
HARMONIES POÉTIQUES................	1 vol.
RECUEILLEMENTS POÉTIQUES........	1 vol.
JOCELYN............................	1 vol.
LA CHUTE D'UN ANGE.................	1 vol.
POÉSIES POSTHUMES..................	1 vol.
LECTURES POUR TOUS.................	1 vol.
LES CONFIDENCES....................	1 vol.
VOYAGE EN ORIENT...................	2 vol.
LE TAILLEUR DE PIERRES. — RAPHAEL..	1 vol.

www.ingramcontent.com/pod-product-compliance
Lightning Source LLC
Chambersburg PA
CBHW071241160426
43196CB00009B/1138